EL CREDO

"Más allá de una lectura pastoral para el estudio del Credo de la Iglesia, las páginas de este libro del Dr. Ospino nos ofrecen un camino sencillo para el encuentro personal y grupal con Dios, Uno y Trino. El lector se sentirá invitado a la meditación y al estudio de la belleza y riqueza del Credo, pero también a encontrar, personal y comunitariamente, al Dios de nuestra fe."

Rev. Rafael Capó
Director
Oficina Regional de los Obispos Católicos
del Sureste para el Ministerio Hispano

"Un libro hermosamente escrito que te lleva en un viaje a través de nuestra fe católica con el fin de ayudarte a comprender mejor y vivirla plenamente."

Miriam Hidalgo
Oficina de Educación, Evangelización y Catechesis
Arquidiócesis de Hartford

"Hosffman Ospino nos explica no sólo *qué* creemos, sino *en quién* creemos: el Padre Todopoderoso, Jesucristo su Hijo, y el Espíritu Santo. Este libro es una invitación magnífica a profundizar nuestra amistad con Dios y a entender más de lleno lo que Dios nos ha revelado en su amor infinito."

Timoteo Matovina
Director, Deparmento de Teología
Universidad de Notre Dame
Autor de *Ministerio Hispano: Una introducción*

EL CREDO

Un encuentro con la fe de la Iglesia

HOSFFMAN OSPINO

Ave Maria Press AVE Notre Dame, Indiana

Nihil Obstat: Monseñor José Juan Quijano

Imprimatur: Most Reverend Thomas G. Wenski
               Arzobispo de Miami
               28 de octubre de 2016

Los textos bíblicos son de *El Libro del Pueblo de Dios*, Buenos Aires, AR: Editorial San Pablo, 1990.

La editorial Ave Maria Press, fundada en 1865, es un ministerio de la Provincia de los Estados Unidos de la Congregación de la Santa Cruz.

www.avemariapress.com

Libro de bolsillo: ISBN-13 978-1-59471-752-9

Libro electrónico: ISBN-13 978-1-59471-753-6

Diseño de la portada y texto: Andy Wagoner

Impreso y empastado en los Estados Unidos de América.

Índice

Introducción

"¿En qué creen exactamente los cristianos católicos?" Seguramente te has hecho esta pregunta o te la han hecho alguna vez. Nos encontramos ante ella cuando hablamos de la importancia de nuestra fe, cuando les explicamos a los más jóvenes la grandeza de ser cristiano, o cuando tenemos que defender nuestras convicciones religiosas. Para responder a esta pregunta, no tenemos que buscar un catecismo o un libro de teología o a un experto. ¡Lo único que debemos hacer es responder con **el Credo**!

Sí, en el Credo encontramos el mejor resumen de lo que nos identifica como cristianos. Es fundamental que todo católico esté familiarizado con esta importante fórmula y que pueda articular con claridad el sentido de cada una de las afirmaciones plasmadas en el Credo. Allí nos encontramos con la riqueza y profundidad de lo que Dios nos ha revelado a través de la historia, pues Dios quiere que conozcamos lo más íntimo de su ser. En el Credo contemplamos el misterio de Dios que es Padre,

Hijo y Espíritu Santo. Mientras más conocemos de Dios, más le podemos amar y hacernos uno dentro de una relación realmente transformadora. En el Credo descubrimos aquellas verdades centrales sobre las cuales se sostiene nuestra fe y nuestro actuar como discípulos de Jesucristo.

Para poder apreciar el Credo es necesario acercarnos a este tesoro, "el símbolo de la fe" como se le conoce según la tradición cristiana, como mujeres y hombres de fe. Al proclamar el Credo afirmamos la fe de la Iglesia y hacemos nuestra las convicciones que han sostenido el caminar de un sinnúmero de cristianos por cerca de veinte siglos. El Credo es testimonio de fe, fuente de oración, guía para el camino y punto de referencia imprescindible para la tarea evangelizadora de la Iglesia.

En este libro encontrarás una introducción al Credo, su origen, su estructura y su lugar en la experiencia diaria de la Iglesia. Pero más que una introducción, el libro es una invitación a un encuentro con Dios que es Trinidad, una invitación a meditar en lo hermoso que es ser cristiano católico a la luz de las verdades de fe que nos permiten entrar en relación con el Dios de la Revelación.

El libro está escrito de manera accesible y agradable para ser estudiado ya sea individualmente o en grupo. Muchos de los ejemplos hacen referencia directa a varias experiencias y prácticas de la comunidad católica hispana en los Estados Unidos. Asegúrate de tomar el tiempo necesario para leer cada una de sus partes. Al final de cada capítulo encontrarás preguntas que te ayudarán a reflexionar sobre el material. Comparte el libro con otras personas. Si puedes obtén copias para tu familia, tu grupo de estudio o grupo de fe. Recuerda, el Credo es—ante todo—una proclamación de la fe de la Iglesia y no hay nada más estimulante que dialogar sobre esa fe con otros que comparten la pasión de ser discípulos del Señor.

Hosffman Ospino, PhD

21 de septiembre de 2016

Fiesta de San Mateo, Apóstol y Evangelista

1

Fe, Revelación y el Credo

Fe y Revelación

La gran mayoría de los seres humanos decimos creer en Dios. Es por ello que existen muchas religiones, muchas maneras de describir la divinidad y cómo nos relacionamos con ella. La palabra religión significa *estar en relación* . . . con la divinidad. Aunque hoy en día muchas personas dicen no creer en Dios, otras niegan la posibilidad de creer en Dios e incluso otras dicen que es imposible decir algo sobre Dios, la verdad es que todos tenemos un impulso instintivo que nos lleva a trascender la inmediatez de nuestra realidad y buscar a Dios. ¿Cómo explicar este impulso?

Bueno, cada tradición religiosa tiene su propia manera de explicar cómo el ser humano se relaciona con Dios. En este libro reflexionaremos sobre cómo lo hacemos los cristianos católicos. Para ello es importante entrar en un diálogo íntimo con las Sagradas Escrituras, el Catecismo de la Iglesia Católica, varios recursos teológicos que nos ayudan a entender nuestra tradición de fe, y por último, nuestra propia experiencia como discípulos de Jesús.

Históricamente los cristianos, haciéndole eco a muchos pensadores y creyentes en distintas culturas, han observado que el ser humano es constantemente animado por un deseo de ir más allá de sí mismo, de trascender las fronteras del presente inmediato. El *Catecismo de la Iglesia Católica* nos recuerda: "El deseo de Dios está inscrito en el corazón del hombre, porque el hombre ha sido creado por Dios y para Dios; y Dios no cesa de atraer al hombre hacia sí, y sólo en Dios encontrará el hombre la verdad y la dicha que no cesa de buscar" (*Catecismo de la Iglesia Católica*, 27).

Este "deseo de Dios" con frecuencia coincide con la búsqueda de la verdad, el bien, y la belleza. Efectivamente, no existimos para vivir en la mentira o vivir engañados; todos buscamos la verdad. No existimos para vivir en la maldad o ser víctimas de ella; todos buscamos el bien. No existimos para ignorar la belleza; todos queremos deleitarnos en lo hermoso que nos rodea. Esa búsqueda constante de esos tres elementos es lo que nos hace humanos. Pero al mismo tiempo, el cristiano se pregunta: ¿de dónde viene este deseo? ¿Por qué somos así? ¿Por qué le dan sentido a nuestra vida la verdad, el bien y la belleza?

Como mujeres y hombres de fe sabemos que Dios nos ha creado precisamente para buscarle. En palabras de San Agustín: "porque nos has hecho para ti y nuestro corazón está inquieto mientras no descansa en ti" (San Agustín, *Confesiones,* 1,1,1). En todo el orden natural visible, lo que nos distingue como seres humanos es el deseo constante de querer encontrarnos con Dios, un deseo que no es simplemente fruto de la evolución o un accidente de la naturaleza. Dios, desde el principio nos quiso así—seres que le buscan continuamente.

La certeza de que Dios nos ha creado con el deseo de buscarle se convierte en la referencia más fundamental de lo que conocemos como Revelación divina. En otras palabras, Dios nos ha permitido saber que ese deseo que existe en lo más profundo de nosotros, esa necesidad de buscarle en la realidad, de celebrar y vivir como sus hijos, es un don divino que tiene un propósito: relacionarnos íntimamente con Dios. Y esta relación nos realiza como personas.

Es así que nos encontramos, quizás, con la más importante de las experiencias en la existencia del ser humano: Dios, quien nos ha creado y nos ama infinitamente, sale a nuestro encuentro, de manera libre y gratuita, para darse a conocer a la humanidad y para compartirnos su plan. Al mismo tiempo, el ser humano, creado con la capacidad de conocerle y de entrar en relación con Dios, tiene la capacidad y el deseo profundo de aceptarle junto con su plan, y de vivir en una relación permanente con Aquel que es el único que le puede realizar y hacer feliz.

La auto-manifestación de Dios es conocida como **Revelación**. La acción del ser humano en respuesta a esta auto-manifestación es conocida como la **fe**, la cual es también un don de Dios (*Ef* 2,8).

Por medio de la Revelación, Dios toma la iniciativa de darle a conocer a la humanidad la intimidad de su ser. La Revelación es en esencia una acción personal por parte de Dios. Es un diálogo de persona a persona; de persona divina a persona humana. En esta dinámica personal que es parte de la Revelación, podemos percibir a Dios, aceptarle, entenderle, amarle, seguirle, sentirle, vivirle y anhelar vivir con él ahora y en la eternidad. Ya vivimos algo similar en nuestras relaciones personales cotidianas. Cuando entramos en relación con una persona, ya sea nuestra pareja, nuestros padres, hijos, amigos, etc., sabemos que podemos relacionarnos con ellos porque tenemos mucho en común. Y mientras más profunda es la relación con estas personas, por ejemplo el amor entre esposos o el amor de padres a hijos, existe una dimensión de misterio que va más allá de palabras y conceptos. Es un misterio en el cual nos encontramos con la otra persona y le amamos como *persona*, sin condiciones y sin dudas. Cuando Dios nos revela su propio ser, su ser personal, somos sujetos al misterio más grande que puede existir en el cual el Creador y la creatura se encuentran cara a cara, corazón a corazón. Dios en principio no tiene necesidad de dicho encuentro, el cual nada le agrega a su perfección como divinidad. Aun así, decide relacionarse con nosotros porque nos ama. Y por medio de su amor nos transforma y nos da vida nueva.

Y es por medio de esa misma Revelación que Dios también nos comparte lo que quiere para la humanidad y el resto del orden creado. No sólo Dios nos da a conocer su ser, sino que también nos muestra el camino que conduce a la vida eterna. Corresponde al ser humano, por medio del don de la fe, recibido de Dios, percibir el contenido de la Revelación divina, aceptarlo, discernirlo y hacerlo vida. Éste es el plan de Dios, el cual se encuentra al centro de lo que la tradición cristiana llama *Historia de la Salvación*. A medida que la Historia de la Salvación sigue su curso, es decir, a medida que descubrimos lo que Dios quiere para nosotros aquí y ahora, sabiendo que esta historia tendrá su cumplimiento en la eternidad, más claro se hace el plan de Dios para la humanidad. En Cristo Jesús descubrimos, por supuesto, el sentido más profundo de la Historia de la Salvación.

Para poder hablar del Credo, el símbolo de nuestra fe, y para poder entender su importancia en el conjunto de la tradición cristiana católica, es necesario comenzar por afirmar esta relación tan importante entre la Revelación y la fe.

El Credo: afirmación de la fe y testimonio de la Revelación de Dios

Es común escuchar a muchos creyentes cristianos en nuestras comunidades hablar de la fe como una acción o actitud por medio de la cual aceptamos algo casi ciegamente. ¿Pero qué es ese "algo" que aceptamos? A veces decimos tener fe porque no hay alternativa o porque "es tradición", o porque así lo aprendimos de nuestras familias. Cuando visitamos los hogares de muchos católicos hispanos en los Estados Unidos, Latinoamérica y el Caribe, con frecuencia nos encontramos con mensajes a la entrada de sus casas que dicen: "Aquí somos católicos y no vamos a cambiar de religión . . . Católicos fueron nuestros padres. Católicos seremos para siempre". Este mensaje es una afirmación de las raíces profundas que son parte de la identidad religiosa del pueblo hispano, el cual en su mayoría sigue siendo católico. Muchos de estos católicos practican su fe y la pueden articular. Sin embargo, son comunes los casos en los que al preguntar un poco más sobre el contenido de la fe, quienes dicen "aquí somos católicos . . . Católicos seremos para siempre" tienen dificultad para expresar exactamente lo que creen. No se trata solamente de creer, sino de saber en qué es lo que creemos como Iglesia. La tradición cristiana tiene un contenido muy particular. Sí, un contenido que ha sido revelado por Dios a través de la historia y que nosotros aceptamos y lo hacemos nuestro por medio del don de la fe.

Lo que sabemos de Dios, es decir lo que hemos recibido por medio de su acción reveladora en la historia, se nos ha dado a conocer, poco a poco, por medio de *acciones* y *palabras* divinas. En esto descubrimos lo que la tradición cristiana llama la *pedagogía divina*. El misterio de Dios es tan inmenso e infinito que sería imposible para nosotros como seres humanos entender su profundidad desde las limitaciones de nuestra condición humana. Sin embargo, eso no significa que no podamos conocer a Dios y lo que Dios nos revela. Sí podemos conocer la Revelación de Dios, y para ello Dios nos ha concedido la razón, la cual recibe ayuda del don de la fe para entender las cosas de Dios. Dios, desde el mismo momento en que nos crea, se da a conocer a la humanidad junto con su plan de salvación y su amor infinito. La constitución dogmática sobre la Divina Revelación, *Dei Verbum*, del Concilio Vaticano II (1962–1965), nos recuerda:

> En consecuencia, por esta revelación, Dios invisible habla a los hombres como amigos, movido por

> su gran amor y mora con ellos, para invitarlos a la
> comunicación consigo y recibirlos en su compañía.
> Este plan de la revelación se realiza con hechos y
> palabras intrínsecamente conexos entre sí, de forma
> que las obras realizadas por Dios en la historia de
> la salvación manifiestan y confirman la doctrina y
> los hechos significados por las palabras, y las pala-
> bras, por su parte, proclaman las obras y esclarecen
> el misterio contenido en ellas. Pero la verdad íntima
> acerca de Dios y acerca de la salvación humana se
> nos manifiesta por la revelación en Cristo, que es a
> un tiempo mediador y plenitud de toda la revela-
> ción. (*DV*, 2)

Para saber lo que Dios nos ha revelado, que es al mismo tiempo los que nos identifica como cristianos católicos, todo discípulo cristiano debe fijar su atención en la Historia de la Salvación. Es por ello que es fundamental que tengamos una relación especial con las Sagradas Escrituras. Es allí donde inicialmente encontramos el testimonio directo de Dios quien se revela a la humanidad por medio del pueblo de Israel y luego a los primeros cristianos que discernían la experiencia de Jesucristo y su misterio.

En las Sagradas Escrituras encontramos el testimonio del pueblo judío y el de los primeros cristianos, quienes fueron testigos de cómo Dios se fue revelando de manera progresiva desde el momento de la creación hasta Jesucristo. Por medio de la creación, Dios se presenta como origen de todo cuanto existe. Dios es la fuente de la vida, quien sostiene el orden creado, y quien ha hecho al ser humano, mujer y hombre, a imagen y semejanza suya. Desde un principio el plan de Dios ha sido que el ser humano se realice precisamente como ser humano, imagen de Dios, y que llegue a la perfección. Para ello Dios le ofrece su amistad y su amor. La entrada del pecado en la historia, es decir la acción por medio de la cual el ser humano olvida su origen y su fin, y termina rechazando la amistad que Dios le ha ofrecido, y por consiguiente poniendo en riesgo su salvación, altera el plan de Dios. Pero Dios se mantiene fiel. Dios establece alianzas importantes con la humanidad por medio de Noé, Abraham, Moisés y otros creyentes, con las cuales le recuerda a la humanidad que sólo hay un Dios único al cual hemos de ser fieles.

Por medio de estas alianzas Dios confirma que su plan sigue vigente, que a pesar del pecado no abandona al ser humano y que sigue deseando nuestra perfección. En el Antiguo Testamento estas alianzas se hacen directamente por medio del pueblo de Israel, a quien Dios escoge como instrumento privilegiado para comunicar su plan de salvación a la humanidad entera. De Israel surgen los profetas, quienes animan y corrigen al pueblo, siempre recordándole que Dios es fiel y que tiene un plan para todos. En la sabiduría del pueblo de Israel se ven reflejados siglos de experiencia por medio de los cuales se conoce cada vez más sobre el Dios que se revela y ama a la humanidad infinitamente. Es precisamente en el seno del pueblo de Israel que nace Jesucristo, el Mesías, el Hijo de Dios, quien lleva la Revelación de Dios a su plenitud y en quien se cumplen todas las promesas del Dios de amor.

También mediante el don divino de la fe percibimos las huellas de Dios en la historia. Por medio de la fe entendemos sus acciones y escuchamos sus palabras. Por medio de esa misma fe, la comunidad de creyentes que encontramos en las Sagradas Escrituras, especialmente el pueblo de Israel y las primeras comunidades cristianas, se descubre lo que Dios quiere que sepamos de él y lo que él quiere comunicarnos para que nos realicemos como sus hijas e hijos. A medida que pasa el tiempo, estas convicciones se hacen cada vez más evidentes. Jesucristo, máxima revelación de Dios, no sólo confirma tales convicciones sino que nos ayuda a entenderlas de una manera nueva y con claridad, especialmente por medio de su Misterio Pascual.

Son estas convicciones las que poco a poco se resumen en fórmulas de fe, las cuales con el tiempo se convertirían en parte de lo que hoy en día conocemos como el Credo. Como podemos ver, detrás del Credo se encuentra la Historia de la Salvación en la cual se encuentran Dios quien se revela y el ser humano quien responde con su fe; una historia de amor que tiene su punto máximo en Jesucristo, una historia de la cual nosotros también somos parte.

Fórmulas de fe en las Sagradas Escrituras

A medida que crece la conciencia del pueblo de Israel sobre su relación con Dios, se hace necesario establecer criterios por medio de los cuales se identificaría esa relación. En otras palabras, si los israelitas decían creer en el Dios de la Revelación, el Dios que los había elegido para manifestar sus maravillas a la humanidad, era necesario que hubiera claridad sobre cómo entendían a Dios, a su plan y lo que Dios esperaba de ellos.

Quizás la fórmula más importante que identifica a la tradición judía desde el Antiguo Testamento es ésta: "Escucha, Israel: el Señor, nuestro Dios, es el único Señor. Amarás al Señor, tu Dios, con todo tu corazón, con toda tu alma y con todas tus fuerzas" (*Dt* 6,4). En la tradición judía a esta expresión se le conoce como *Shemá*, que es el verbo escuchar en hebreo. Esta fórmula es muy importante, especialmente si tenemos en cuenta el contexto en la que nace. Vale la pena hacer dos observaciones. Por un lado, el pueblo de Israel se aparta de muchas de las tradiciones religiosas de su época, las cuales eran politeístas. Israel se distingue como un pueblo que cree en un solo Dios. ¿Cómo llegaron los Israelitas al monoteísmo, o la convicción de que hay un solo Dios? ¿Por qué el pueblo de Israel aceptó a un solo Dios mientras que otros pueblos siguieron creyendo en la existencia de varios dioses e ídolos? La respuesta es clara: El único Dios, Yahveh, así se los reveló. Y el pueblo escuchó. Por otro lado, Israel creció poco a poco en la convicción de ser el pueblo elegido. No tanto por sus méritos o porque Dios quisiera reservar algo para ellos que no quisiera dar a otros pueblos, sino que Dios escoge a Israel como pueblo para establecer una alianza, la cual estaría fundamentada en el principio de que sólo hay un Dios. En el profeta Jeremías encontramos una de las expresiones más hermosas en las que se afirma esta convicción: "Esta es la Alianza que estableceré con la casa de Israel, después de aquellos días—oráculo del Señor—pondré mi Ley dentro de ellos, y la escribiré en sus corazones; yo seré su Dios y ellos serán mi Pueblo" (*Jer* 31,33).

Al leer el Antiguo Testamento nos encontramos una y otra vez con estas fórmulas. Si nos preguntáramos cómo se identificaba un creyente en el Dios de la Revelación dentro de la tradición judía, tendríamos que responder con claridad y contundencia: por su fe en un solo Dios y por su certeza de que Dios había elegido a Israel para manifestar su gloria y revelar su plan. De ahí se derivan muchas otras de las convicciones de fe que encontramos en el Antiguo Testamento, las cuales apuntan directamente a la *identidad* del pueblo Israelita. El creer en un solo Dios y saberse elegidos se convertirían también en elementos centrales del cristianismo.

En el Nuevo Testamento la mayoría de fórmulas de fe que encontramos están relacionadas con Jesucristo. ¡Por supuesto! Jesucristo es la máxima expresión de la Revelación del único Dios. En Jesucristo los cristianos no sólo confirmamos lo que Dios había estado revelando desde el momento de la creación durante siglos y siglos por medio de la historia del pueblo de Israel, sino que encontramos la clave para entender dicha Revelación, y mucho más.

Quienes convivieron con Jesús escucharon sus palabras, fueron testigos de sus milagros y creyeron en él a la luz de su Misterio Pascual—muerte y resurrección. Estas personas tuvieron la responsabilidad de articular con claridad lo que Dios estaba revelando por medio de Jesús, el Cristo. Las palabras y acciones de Jesús en los evangelios son el punto de partida por excelencia para entender lo que nos quiere decir sobre Dios. Cuando Jesús nos revela algo sobre Dios, al mismo tiempo nos revela algo sobre sí mismo. Cuando Jesús nos presenta a Dios como su Padre (*Lc* 11,2), por consiguiente aprendemos que él es el Hijo Dios. El Reino de Dios ya está en entre nosotros (*Lc* 17,21), por lo tanto se hace evidente que Jesús es el signo por excelencia de ese Reino (*Mt* 16,2–3). Dios quiere que todos se salven y nadie se condene (*Jn* 18:9), así que se nos revela que Jesús es el camino que conduce a la salvación (*Jn* 14,6), él es la puerta (*Jn* 10,7), y quien cree en él tendrá vida eterna (*Jn* 6,40). Dios nos ofrece su amor infinito y misericordioso (*Lc* 15,32) y es Jesús por medio de sus palabras y acciones quien nos manifiesta con claridad la misericordia de Dios, especialmente hacia los más necesitados, pues en ellos se encuentra él (*Mt* 25,31–46). Los milagros de Jesús son señales evidentes de que Dios obra en la historia de manera contundente y de que el Espíritu de Dios es todopoderoso. Creer en Jesús es esencialmente creer en la Revelación de Dios.

Las convicciones de fe que encontramos en los veintisiete libros del Nuevo Testamento, los cuales fueron escritos mucho después de la muerte y de la resurrección de Jesús, han de ser leídas principalmente como reflexiones teológicas a la luz del Misterio Pascual. En otras palabras, una vez que los discípulos de Jesús en las primeras comunidades cristianas—guiados por el Espíritu Santo que recibieron en Pentecostés—entienden mejor desde la fe lo que ha ocurrido con Jesús y la magnitud de lo que su misterio significa para la humanidad, proceden a articular los puntos esenciales que identificarían al cristianismo. Estas convicciones aparecen constantemente como parte de los mismos evangelios al igual que de los discursos, cartas y defensas de la fe que hacen los primeros cristianos.

Veamos algunos ejemplos:

- *Jesús es el Mesías.* "'Y ustedes, les preguntó, ¿quién dicen que soy?' Tomando la palabra, Simón Pedro respondió: 'Tú eres el Mesías, el Hijo de Dios vivo'. Y Jesús le dijo: 'Feliz

de ti, Simón, hijo de Jonás, porque esto no te lo ha revelado
ni la carne ni la sangre, sino mi Padre que está en el cielo'
(*Mt* 16,15–17).

- *Jesús es el Señor.* "A este Jesús, Dios lo resucitó, y todos
  nosotros somos testigos. Exaltado por el poder de Dios,
  él recibió del Padre el Espíritu Santo prometido, y lo ha
  comunicado como ustedes ven y oyen. Porque no es David
  el que subió a los cielos; al contrario, él mismo afirma: 'Dijo
  el Señor a mi Señor: Siéntate a mi derecha, hasta que ponga
  a todos tus enemigos debajo de tus pies'. Por eso, todo el
  pueblo de Israel debe reconocer que a ese Jesús que ustedes crucificaron, Dios lo ha hecho Señor y Mesías" (*Hch*
  2,32–36).

- *Jesús es el Hijo de Dios.* "Pero cuando se cumplió el tiempo
  establecido, Dios envió a su Hijo, nacido de una mujer y
  sujeto a la Ley, para redimir a os que estaban sometidos a la
  Ley y hacernos hijos adoptivos. Y la prueba de que ustedes
  son hijos, es que Dios infundió en nuestros corazones el
  Espíritu de su Hijo, que clama a Dios llamándolo ¡Abba!,
  es decir, ¡Padre! Así, ya no eres más esclavo, sino hijo, y por
  lo tanto, heredero por la gracia de Dios" (*Gal* 4,4–7).

- *La resurrección.* "Si se anuncia que Cristo resucitó de entre
  los muertos, ¿cómo algunos de ustedes afirman que los
  muertos no resucitan? ¡Si no hay resurrección, Cristo no
  resucitó! Y si Cristo no resucitó, es vana nuestra predicación y vana también la fe de ustedes" (1 *Cor* 15,12–14).

- *La segunda venida del Señor.* "Queremos decirles algo, fun-
  dados en la Palabra del Señor: los que vivamos, los que

quedemos cuando venga el Señor, no precederemos a los que hayan muerto. Porque a la señal dada por la voz del Arcángel y al toque de la trompeta de Dios, el mismo Señor descenderá del cielo. Entonces, primero resucitarán los que murieron en Cristo. Después nosotros, los que aún vivamos, los que quedemos, serenos llevados con ellos al cielo, sobre las nubes, al encuentro de Cristo, y así permaneceremos con el Señor para siempre" (1 *Tes* 4,15–17).

- *Kerigma o anuncio básico de la fe*. "Les he trasmitido en primer lugar, lo que yo mismo recibí: Cristo murió por nuestros pecados, conforme a la Escritura. Fue sepultado y resucitó al tercer día, de acuerdo con la Escritura. Se apareció a Pedro y después a los Doce. Luego se apareció a más de quinientos hermanos al mismo tiempo, la mayor parte de los cuales vive aún, y algunos han muerto" (1 *Cor* 15,3–6).

El Credo de los Apóstoles y el Credo Niceno-Constantinopolitano

Después de la resurrección de Jesús y el gran evento de Pentecostés, la comunidad cristiana comienza a crecer rápidamente. Muchas comunidades se establecen tanto en la región donde Jesús había llevado a cabo su ministerio público como en muchos otros lugares, incluyendo a Roma, Grecia y África. Las primeras comunidades de creyentes tuvieron el privilegio de formarse escuchando a los apóstoles y a otros testigos que presenciaron la vida y obra de Jesús. Pero cuando estos primeros líderes mueren, poco a poco las comunidades cristianas proceden a escribir los evangelios, los relatos históricos y varias cartas que para el siglo IV de la era cristiana ya eran textos casi universalmente reconocidos como el canon definitivo del Nuevo Testamento.

Los libros del Nuevo Testamento jugarían un papel muy importante en el establecimiento de las fórmulas de fe que identificarían a las muchas comunidades cristianas, convirtiéndose en punto de referencia obligatorio. Hoy en día contamos con la seguridad de tener formulas claramente definidas que se han mantenido a través de los años y que hemos aceptado como Iglesia. Ya sea que vivamos en los Estados Unidos o en Latinoamérica o en África, y a pesar de las diferentes culturas e idiomas que son parte de nuestras vidas, como cristianos católicos compartimos las mismas convicciones fundamentales de la fe. Eso es espectacular; poder estar en cualquier parte del mundo y profesar nuestra fe con una sola voz y un solo corazón.

Esas mismas son las fórmulas de fe que han identificado a los discípulos cristianos que dieron su vida durante las persecuciones del Imperio romano, a los monjes que edificaron un sinnúmero de monasterios durante el primer milenio, a los ermitaños que se alejaron al desierto y las montañas a dedicar su vida a la oración, a los teólogos que establecieron los grandes sistemas de pensamiento durante la época escolástica después del siglo XII, a las órdenes religiosas que surgen con la idea de vivir el Evangelio más radicalmente, a los misioneros que llevaron el Evangelio a tierras lejanas, a los filósofos cristianos, a los más de mil millones de personas en el mundo entero que hoy en día nos identificamos como católicos, a los inmigrantes católicos que llegan y vigorizan la fe de muchas comunidades en los Estados Unidos, y a nuestras familias y parroquias a medida que compartimos la fe con nuestros hijos en el hogar y la catequesis.

El conjunto de verdades fundamentales de la fe cristiana se encuentra contenido en los credos. Un credo es básicamente un compendio de verdades de fe que profesamos como Iglesia. El *Catecismo de la Iglesia Católica* nos recuerda que "[s]e llama a estas síntesis de la fe 'profesiones de fe' porque resumen la fe que profesan los cristianos. Se les llama 'Credo' por razón de que en ellas la primera palabra es normalmente: 'Creo'. Se les denomina igualmente 'símbolos de la fe'" (*CIC*, 187). Refiriéndose al término *símbolo,* el catecismo nos ofrece una explicación que va aún más directamente al punto:

> La palabra griego *symbolon* significaba la mitad de un objeto partido (por ejemplo, un sello) que se presentaba como una señal para darse a conocer. Las partes rotas se ponían juntas para verificar la identidad del portador. El "símbolo de la fe" es, pues, un signo de identificación y de comunión entre los creyentes. *Symbolon* significa también recopilación, colección o sumario. (*CIC*, 188)

La manera como se ha llegado a estas fórmulas o símbolos de la fe ha variado. Algunas fórmulas vienen directamente de las Sagradas Escrituras, otras han sido propuestas por comunidades específicas; otras han surgido de grandes debates teológicos y otras han sido propuestas por autoridades eclesiales. Después de casi dos mil años de tradición cristiana, el Credo de los Apóstoles y el Credo Niceno-Constantinopolitano ocupan un lugar central en la vida de la Iglesia. Ambos son proclamados con frecuencia en nuestras comunidades de fe como parte de la liturgia y otras celebraciones, especialmente el segundo, el cual recitamos cada semana como Iglesia durante la misa dominical.

De los dos, el Credo de los Apóstoles es el más antiguo. De acuerdo a una leyenda antigua, cada uno de los doce apóstoles señaló una de las convicciones centrales de la fe cristiana, lo cual dio origen a este Credo, el cual tiene doce artículos. Pero esto no es más que una leyenda. Sin embargo, lo que es importante saber es que las primeras comunidades cristianas le dieron importancia a este Credo porque tenían la convicción de que ésta fue la fe que identificó a los apóstoles. Esta fórmula de fe dio vida y forjó la identidad de las primeras comunidades cristianas, en medio de su diversidad. El texto del Credo de los Apóstoles dice:

> Creo en Dios, Padre todopoderoso, Creador del cielo y de la tierra. Creo en Jesucristo, su único Hijo, Nuestro Señor, que fue concebido por obra y gracia del Espíritu Santo, nació de Santa María Virgen, padeció bajo el poder de Poncio Pilato, fue crucificado, muerto y sepultado, descendió a los infiernos, al tercer día resucitó de entre los muertos, subió a los cielos y está sentado a la derecha de Dios, Padre todopoderoso. Desde allí ha de venir a juzgar a los vivos y a los muertos. Creo en el Espíritu Santo, la santa Iglesia católica, la comunión de los santos, el perdón de los pecados, la resurrección de la carne y la vida eterna. Amén.

El Credo Niceno-Constantinopolitano (o Credo Niceno como se le llama con frecuencia) por su parte tiene una base histórica más establecida. Este credo es el fruto de una serie de debates teológicos sobre la persona de Jesucristo y por consiguiente sobre el misterio de Dios desde la perspectiva cristiana. Las personas involucradas en estos debates fueron, en su mayoría, cristianos devotos y comprometidos con su fe. Durante los primeros siglos del cristianismo, muchas de las convicciones que hoy en día nos identifican como cristianos no se habían definido claramente y era fácil llegar a conclusiones erróneas al leer los mismos textos de las Sagradas Escrituras. En el caso del Credo Niceno nos encontramos con una serie de debates sobre la divinidad y la humanidad de Jesucristo. Por ejemplo, algunos teólogos afirmaban una dimensión y negaban la otra; otros afirmaban una insistentemente mientras le restaban importancia a la otra, aunque sin negarla; algunos lamentablemente terminaron poniendo en duda la divinidad y la humanidad de Jesueristo. Es por ello que por varias décadas fue necesario que se llevaran a cabo debates tanto teológicos como filosóficos para aclarar categorías. Estos fueron debates fervorosos. Dichos debates llevarían a las conclusiones del Concilio de Nicea en el año 325 y del Concilio de Constantinopla en el año 381, de los cuales procede la fórmula de fe conocida como el Credo Niceno. El texto del Credo Niceno-Constantinopolitano es el siguiente:

> Creo en un solo Dios, Padre Todopoderoso, Creador del cielo y de la tierra, de todo lo visible y lo invisible.
> Creo en un solo Señor, Jesucristo, Hijo único de Dios, nacido del Padre antes de todos los siglos: Dios de Dios, Luz de Luz, Dios verdadero de Dios

verdadero, engendrado, no creado, de la misma naturaleza del Padre, por quien todo fue hecho; que por nosotros, los hombres, y por nuestra salvación bajó del cielo, y por obra del Espíritu Santo se encarnó de María, la Virgen, y se hizo hombre; y por nuestra causa fue crucificado en tiempos de Poncio Pilato; padeció y fue sepultado, y resucitó al tercer día, según las Escrituras, y subió al cielo, y está sentado a la derecha del Padre; y de nuevo vendrá con gloria para juzgar a vivos y muertos, y su reino no tendrá fin.

Creo en el Espíritu Santo, Señor y dador de vida, que procede del Padre y del Hijo, que con el Padre y el Hijo recibe una misma adoración y gloria, y que habló por los profetas. Creo en la Iglesia, que es una, santa, católica y apostólica. Confieso que hay un solo Bautismo para el perdón de los pecados. Espero la resurrección de los muertos y la vida del mundo futuro. Amén.

Como podemos observar, el lenguaje de este Credo es un poco más formal y filosófico. También notamos que tiene una estructura claramente trinitaria, es decir los tres elementos centrales son el Padre, el Hijo y el Espíritu Santo. El Credo Niceno nos recuerda con certeza que creemos en un solo Dios que es Trinidad. Éste es quizás el punto más importante de nuestra fe en Dios. Jesucristo, máxima revelación del Padre, nos ha abierto el camino para reconocer esta dimensión del misterio de Dios. Ésta es nuestra identidad. Ésta es nuestra fe, la fe de la Iglesia.

Conclusión

Llegamos al final de este primer capítulo. En los siguientes capítulos vamos a explorar más en detalle el contenido del Credo y otros aspectos importantes sobre cómo esta fórmula de fe se ha usado a través de los siglos y lo que significa para los cristianos católicos hoy en día.

Cinco puntos claves para recordar:

1. Dios se revela a la humanidad como acto de amor infinito por nosotros y nos muestra el camino que conduce a nuestra realización. Por medio de su Revelación, de una manera libre y gratuita, Dios nos comparte su propio ser y su plan. Nuestras vidas son parte del plan de Dios.

2. La fe es un don que Dios regala a la humanidad por medio del cual podemos entender y aceptar la Revelación Divina. Gracias a la fe podemos vivir en relación íntima con Dios.

3. Lo que sabemos de Dios se nos ha dado a conocer gradualmente a través de la historia. Es dentro del contexto de la Historia de la Salvación, una historia en la que Dios es la realidad más importante, que la humanidad descubre las verdades más íntimas del misterio de Dios. Jesucristo es la plenitud de la Revelación de Dios.

4. El punto de partida para toda fórmula de fe cristiana son las Sagradas Escrituras. Tanto el Antiguo Testamento como el Nuevo Testamento nos ofrecen los principios fundamentales sobre los cuales se construye la tradición cristiana. Para poder entender el Credo necesitamos entender las Sagradas Escrituras.

5. El Credo juega un papel clave en la vida de la comunidad de fe cristiana porque es una síntesis de lo que creemos. El

Credo nos recuerda quiénes somos y qué creemos como discípulos de Jesucristo.

Preguntas para la reflexión y el diálogo:

1. ¿Qué significa para ti saber que tu vida y la de tu familia son parte del plan de salvación de Dios para la humanidad?

2. ¿Cómo describirías tu conocimiento actual de las Sagradas Escrituras? ¿Qué crees que puedes hacer para conocerlas mejor y así fundamentar tu fe de una manera más sólida?

3. Si te pidieran resumir **en una frase** lo que te identifica como persona cristiana católica, ¿qué dirías? Completa la frase: "Creo en _____".

–2–

Creo en Dios, Padre Todopoderoso

Creo en un solo Dios, Padre Todopoderoso, Creador del cielo y de la tierra, de todo lo visible y lo invisible.

Dios es . . .

Existe un instinto natural en el ser humano para reconocer la presencia de Dios. Este instinto es parte de lo que somos. Así hemos sido creados. Es interesante observar cómo las comunidades hispanas, tanto en los Estados Unidos como en Latinoamérica y el Caribe, han cultivado dicho instinto haciéndolo parte de sus culturas. Es fácil ver esto en el arte, la literatura, la religiosidad popular y en la manera como formamos comunidades. Detrás de esta sensibilidad particular para reconocer la presencia de Dios y entrar en relación con él en la historia se encuentran también las raíces culturales indígenas y africanas de estos pueblos. A estas raíces culturales se debe sumar la influencia de la tradición católica por más de cinco siglos en el continente. El resultado de estas dos influencias es una cultura hispana con una visión profundamente sacramental. Es decir, somos herederos de un ambiente social, cultural y religioso que no tiene reparo en admitir y afirmar la existencia de lo divino. Es un ambiente que está abierto a reconocer que Dios actúa en medio de nosotros, que puede entrar en nuestras relaciones y que se hace presente en el orden creado de una manera sacramental. Algunos teólogos se refieren a esta apertura como una *imaginación católica*. Las culturas hispanas por lo general están abiertas a la Revelación de Dios como **el que es**.

Dicha actitud de apertura a lo sagrado y a la Revelación de Dios, quien se hace presente de manera plena en Jesucristo, contrasta significativamente con las corrientes secularistas del mundo occidental, especialmente en las sociedades económicamente más privilegiadas. La influencia de estas corrientes secularistas es cada vez más intensa. Hablar de secularismo es hablar de aquella actitud que niega o limita cualquier validez del discurso religioso y sus contenidos. En otras palabras, las corrientes secularistas insisten que Dios no es necesario para hablar de la humanidad, sus necesidades o sus posibilidades. Desde esta perspectiva, todo se explica con argumentos científicos o humanísticos insinuando que tales explicaciones tienen que negar o estar en contra de cualquier noción religiosa. Estas actitudes siempre han existido a través de la historia, pero durante el siglo XX y a principios del siglo XXI observamos cómo están siendo adoptadas por grandes porcentajes de poblaciones que hasta hace poco eran ampliamente cristianas. Muchas de estas personas secularizadas son jóvenes. Algunas actitudes secularistas comienzan con un *relativismo ideológico*, por medio del cual se afirma que no existen verdades universales y que básicamente cualquier explicación de la realidad, sin importar su origen u objetivo, tiene el mismo valor. Otras actitudes son más directas con relación a lo que asumen sobre Dios. Muchas personas dicen que es imposible creer o aceptar que Dios nos hable (lo cual niega cualquier posibilidad de revelación), a lo que se llama *escepticismo*. Otras simplemente niegan que Dios exista, lo cual es conocido como *ateísmo*. Y existen muchas más personas que aunque no niegan la existencia de Dios con argumentos filosóficos o científicos, viven como si Dios no existiera, lo cual suele llamarse *ateísmo práctico*. Es en este contexto antagónico en el que los cristianos católicos proclamamos que creemos en Dios.

Es irónico que para comenzar una reflexión sobre el Credo en nuestro mundo actual, debamos comenzar por afirmar algo tan elemental como lo siguiente: **Dios es**. Sí, Dios existe. Dios es real. Dios no es un producto de nuestra imaginación o una proyección de nuestros deseos, tal como algunas personas en nuestra época insisten. Sabemos que Dios es porque en el contexto de nuestra historia Dios se ha revelado a la humanidad y ha entrado en relación con nosotros. Como cristianos somos herederos de la Revelación de Dios al pueblo de Israel en el Antiguo Testamento y sabemos que **Dios es uno**. Dicha verdad es afirmada contundentemente en Jesucristo. El cristianismo es una tradición monoteísta. Creemos en un solo Dios; el único Dios. Por ello gran parte de nuestra experiencia cristiana consiste en conocer las profundidades del misterio de este único

Dios, mientras nos mantenemos atentos a denunciar y renunciar a todos aquellos ídolos que puedan tomar el lugar de Dios. En su Revelación Dios nos dice desde la antigüedad: "Yo soy el Señor, tu Dios, que te hice salir de Egipto, de un lugar en esclavitud. No tendrás otros dioses delante de mí. No te harás ninguna escultura y ninguna imagen de lo que hay arriba, en el cielo, o abajo, en la tierra, o debajo de la tierra, en las aguas. No te postrarás ante ellas, ni les rendirás culto, porque yo soy el Señor, tu Dios" (*Ex* 20,2–5a). La afirmación de nuestra fe en el único Dios es al mismo tiempo la exclusión de cualquier posibilidad de aceptar algo o alguien que pueda tomar el lugar de Dios.

Asimismo, cuando Dios se revela a la humanidad, Dios se revela como el que es: "Dios dijo a Moisés: 'Yo soy el que soy'. Luego añadió: 'Tú hablarás así a los israelitas: 'Yo soy' me envió a ustedes'" (*Ex* 3,14). ¿Qué significa que **Dios es**? Decir que Dios es, tal como se nos ha sido revelado, es afirmar que Dios existe. Cuando proclamamos que Dios es, afirmamos con certeza que su naturaleza es divina: ¡Dios es . . . Dios! Dios no es creado, no puede ser reducido al orden natural, no es uno de nosotros. Dios es divinidad. Por consiguiente, cuando Dios se hace presente en nuestra historia y en nuestras vidas, Dios nos revela sus atributos divinos.

Dios es un Dios vivo y al mismo tiempo fuente de toda la vida. Sólo Dios puede dar la vida y la existencia porque **Dios es.** Dios es un ser personal que entra en relación con la humanidad para amarle con amor divino, es decir amor que sólo Dios puede dar según su naturaleza. Como seres humanos somos conscientes de vivir en relación con otras personas.

Pero la relación con Dios es mucho más profunda e intensa. Al entrar en relación con Dios reconocemos que cada segundo de nuestra existencia es un acto de generosidad amorosa de Dios. Porque Dios es Dios, nos conoce en lo más profundo de nuestro ser. Dios nos ha creado, Dios sabe lo que somos, lo que queremos, lo que necesitamos y lo que realmente nos realiza como sus hijos: Dios mismo. En nuestra relación con el único Dios de la Revelación experimentamos la verdad y el amor divinos. Como seres humanos constantemente buscamos la verdad, queremos amar y ser amados. Pero en Dios tenemos la garantía de que esa verdad y ese amor son auténticos e infinitos porque Dios es ambos: verdad pura, amor infinito. Decir que Dios nos ama es encontrarse con el ser íntimo de Dios, un amor que genera vida, que restaura, que busca, que perdona misericordiosamente y que realiza. Decir que en Dios contemplamos la verdad es tener la certeza de que lo que Dios revela es auténtico, tanto su ser divino como sus designios.

Dios es Trinidad: Padre, Hijo y Espíritu Santo

La Revelación de Dios a la humanidad se ha dado poco a poco en la historia, de una manera progresiva. Tal como dijimos anteriormente, los cristianos aceptamos la revelación divina al pueblo de Israel por medio de la cual Dios se da a conocer como uno y único. Esta revelación continúa a través de la historia y gracias a Jesucristo hemos aprendido mucho más de Dios. Dios también es tres personas divinas, Padre, Hijo y Espíritu Santo. Por esto, al centro de la tradición cristiana católica está la convicción de que el Dios de la Revelación es Trinidad:

El misterio de la Santísima Trinidad es el misterio
central de la fe y de la vida cristiana. Es el misterio
de Dios en sí mismo. Es, pues, la fuente de todos
los otros misterios de la fe; es la luz que los ilumina.
Es la enseñanza más fundamental y esencial en la
"jerarquía de las verdades de fe" . . . "Toda la historia de la salvación no es otra cosa que la historia del
camino y los medios por los cuales el Dios verdadero y único, Padre, Hijo y Espíritu Santo, se revela
a los hombres, los aparta del pecado y los reconcilia
y une consigo." (*DCG*, 43, 47; *CIC*, 234)

Para un cristiano católico el misterio de la Trinidad es el
punto de partida de la fe, una verdad innegociable. Esta convicción ha mantenido un lugar central desde el comienzo del cristianismo. Ya en las Sagradas Escrituras encontramos alusiones
a esta afirmación de fe: "Vayan, y hagan que todos los pueblos
sean mis discípulos, bautizándolos en el nombre del Padre y del
Hijo y del Espíritu Santo" (*Mt* 20,19). Muchas de las primeras
cartas y documentos cristianos hacen referencia a la Trinidad.
De una manera especial encontramos referencia a Dios como
Trinidad en el contexto de la liturgia y la oración de la Iglesia.
Por ejemplo, uno de los documentos más antiguos y auténticos
con relación a las enseñanzas cristianas en las primeras comunidades es la Didaché (o Didajé), también conocido como "la
enseñanza de los Apóstoles". En este documento, confirmando
prácticas religiosas que se remontan al primer siglo, se indica
que todo bautismo debe hacerse en "el nombre del Padre, y del
Hijo y del Espíritu Santo".

Aunque la verdad de Dios como Trinidad ha sido parte de la tradición cristiana desde un principio, y Dios es Padre, Hijo y Espíritu Santo desde la eternidad, hablar de este misterio no ha sido siempre fácil. Incluso hoy en día muchos creyentes tienen dificultad para articular dicha convicción. Es por ello que la tradición cristiana, a través de los siglos, ha tenido que valerse de un lenguaje filosófico para poder explicar el misterio de la Trinidad de la mejor manera posible. Es importante reconocer que cualquier concepto o terminología que usemos para hablar de Dios como Trinidad, siempre ha de entenderse como una aproximación, pues nuestro lenguaje es limitado y nunca podrá adecuadamente explicar este gran misterio. Esto nos ha de llenar de humildad, desde la cual hemos de decir que la Trinidad es, ante todo, un misterio al cual estamos llamados a contemplar más que a explicar. Sin embargo, esto no significa que no podamos decir nada sobre la Trinidad. Hay afirmaciones claras y sencillas que podemos hacer sobre esta realidad.

Las siguientes diez afirmaciones pudieran considerarse como puntos claves que todo cristiano debe saber sobre la Trinidad:

1. *Dios se ha revelado a la humanidad como Padre, Hijo y Espíritu Santo.* El dogma de la Trinidad no es el resultado de una reflexión teológica o filosófica o una deducción lógica. Este dogma es ante todo una expresión de la Revelación de Dios, quien se ha dado a conocer a la humanidad en la historia y quien quiere que le conozcamos como Padre, Hijo y Espíritu Santo.

2. *No creemos en tres dioses sino en un solo Dios que es tres personas.* El cristianismo es monoteísta, es decir que creemos en

un solo Dios. Sin embargo, este Dios en su infinito misterio es tres personas divinas o tres realidades personales de naturaleza divina.

3. *Cada una de las tres personas de la Trinidad son divinas.* Cuando hablamos del Padre, del Hijo y del Espíritu Santo, necesitamos afirmar con contundencia que las tres personas son igualmente Dios. La naturaleza de Dios es divina.

4. *Las tres personas de la Trinidad son distintas.* Aunque las tres personas son Dios y comparten la misma naturaleza divina, el Padre no es el Hijo ni el Espíritu, el Hijo no es el Padre ni el Espíritu, y el Espíritu no es el Padre ni el Hijo. ¡Gran misterio! Sabemos sobre las diferencias de las tres personas de la Trinidad por su origen: el Padre engendra al Hijo; el Espíritu procede del Padre y del Hijo—todo esto desde la eternidad. También sabemos sobre sus diferencias por la manera como se han revelado en la historia, especialmente el Hijo en la Encarnación y mucho más sobre el Espíritu después de la resurrección.

5. *La Trinidad es una comunión de amor infinito.* El autor de la Primera Carta de Juan definió a Dios como "amor" (1 *Jn* 4,8). A la luz de la tradición cristiana, ésta es quizás la aproximación más sencilla y al mismo tiempo más profunda al misterio de Dios. Tal definición se hace vida en la relación entre las personas de la Trinidad: las tres se aman infinitamente hasta el punto de poseerse, entregarse y conocerse infinitamente. La una no puede existir sin la otra. No se podría entender el misterio de Dios visto desde una perspectiva cristiana sin reconocer esta comunión de amor. Al contemplar la Trinidad como comunión de amor infinito nos encontramos ante el modelo por excelencia de Iglesia y de relaciones humanas. Cualquier

esfuerzo de construcción de comunidad entre los cristianos—familia, comunidad de fe, sociedad—debe reflejar la riqueza del amor trinitario.

6. *El Padre engendra al Hijo*. La persona divina del Hijo no es creada sino *engendrada* desde la eternidad, sin intervalo de tiempo, es decir, ¡no hay un antes sin el Hijo!

7. *El Espíritu Santo procede del Padre y del Hijo*. La persona del Espíritu Santo no es creada. Del amor del Padre y el Hijo *procede* el Espíritu Santo —desde la eternidad, sin intervalo de tiempo, es decir, ¡no hay un antes sin el Espíritu Santo!

8. *El Hijo revela al Padre*. Aunque Dios se había hecho presente a la humanidad en la Antigua Alianza y el pueblo judío usaba el término Padre para referirse a su poder creador, Jesucristo nos lo revela como Padre desde una perspectiva filial (Padre-Hijo). Esta revelación no sólo nos permite conocer más sobre Dios, sino también sobre Jesucristo, la Palabra hecha carne, y sobre nosotros como hijos de Dios.

Dios es el Padre de Jesucristo. Esta verdad revela una relación que va mucho más allá de la relación entre la criatura y el creador, una relación de la cual gozamos los seres humanos y los ángeles. Cuando la comunidad cristiana reflexiona sobre la relación de Jesucristo con Dios Padre, reconoce que ésta es una relación que ha existido entre el Padre y el Hijo, personas divinas dentro de la comunión trinitaria, desde la eternidad. El Hijo conoce al Padre no sólo porque el Padre se le ha dado a conocer, sino porque el Hijo vive en comunión íntima con el Padre, le posee, le conoce en el amor y se ha entregado al Padre como sólo puede ocurrir en el contexto de la comunión trinitaria.

Cuando Jesús nos habla de Dios como Padre, nos recuerda que Dios es el origen de todo cuanto existe, el principio del orden creado. Al mismo tiempo Jesús nos invita a contemplar el amor paternal y maternal que Dios ofrece a sus hijos. Nos referimos aquí a lo "paternal y maternal" no como afirmaciones sobre el género de Dios, pues Dios es un ser espiritual y por consiguiente más allá de lo masculino o lo femenino. Dios es Padre en cuanto que ama y cuida a sus hijos con amor divino, nos perdona misericordiosamente, nos acompaña en nuestra búsqueda de la verdad y de nuestra realización, nos corrige cuando nos extraviamos, nos sana cuando estamos heridos y nos espera con alegría para participar eternamente de su presencia. Al enviar a Jesucristo, su Hijo, para redimirnos, restaurarnos de los efectos del pecado y abrirnos las puertas del cielo, el Padre nos demuestra la inmensidad de su amor, un amor que sólo puede venir de Dios.

9. *El Espíritu Santo revela al Padre y al Hijo.* Después de la resurrección de Jesús, el Espíritu es enviado a la Iglesia para ayudar a los creyentes a entender mejor el plan de Dios para la humanidad a la luz del misterio de Jesucristo. El Espíritu Santo guía a la Iglesia en el trascurso de la historia. Esto no significa que el Espíritu Santo haya estado ausente de la historia de la humanidad antes de la resurrección, sino que con su llegada después de la resurrección ahora la Revelación de Dios como Trinidad está completa.

10. *Sabemos quién es Dios en la Trinidad por sus acciones en la historia como Trinidad.* Como seres humanos sabemos del misterio de la Trinidad por la Revelación que hemos recibido, especialmente por medio de Jesucristo y, gracias al don de la fe,

por la manera como hemos percibido a Dios actuar en la historia. Así como afirmamos que las tres personas de la Trinidad son un solo Dios, su actuar es uno solo. Este ser y actuar como Dios no niega las diferencias. Más bien lo que hace es ayudarnos a entender que cuando obra el Padre, también obran el Hijo y el Espíritu Santo; cuando obra el Hijo, también obran el Padre y el Espíritu Santo; cuando obra el Espíritu Santo, también obran el Padre y el Hijo.

Dios es Creador de todo lo que existe

Una de las convicciones más importantes de la tradición judeo-cristiana es que Dios es el creador de todo cuanto existe, visible e invisible. Es naturalmente más fácil hablar de la creación visible puesto que la percibimos con nuestros sentidos y somos parte de ella gracias a nuestra dimensión corporal — somos espíritus encarnados. Pero no podemos reducir la creación exclusivamente a lo visible. Cuando los cristianos hablamos de las realidades invisibles creadas por Dios, estamos hablando del mundo espiritual, el cual es tan real como el mundo sensible que percibimos a diario. Este mundo espiritual es la dimensión celestial en donde las realidades angélicas existen.

¡Sí, los católicos creemos en los ángeles! Quizás no creemos en ellos como las caricaturas que con frecuencia nos presenta la cultura popular, pero sí como espíritus creados por Dios. La palabra ángel significa "mensajero". El cielo es la realidad espiritual en la que Dios existe con los ángeles y otros seres espirituales, es la realidad de la que aspiramos a ser parte después de nuestra vida terrenal. Dios es la fuente de vida y existencia del mundo espiritual. Este mundo espiritual incluye también aquellos espíritus que en su libertad han rechazado a Dios. Todos, incluso Satanás y los demonios que le siguen en su rebelión contra Dios, son criaturas de Dios, por consiguiente no son ni más grandes ni más poderosos que Dios quien les ha creado. Aquí somos testigos de la misericordia infinita de Dios, quien no niega la existencia como castigo a quienes se oponen a su amor.

Decir que Dios es el creador de todo lo que existe tiene dos implicaciones elementales. Por un lado, nos recuerda que el orden creado no es eterno sino que tiene un comienzo. De cualquier manera que expliquemos el origen del universo y su expansión—lo cual es un tema bastante común en nuestra época gracias a los avances científicos—creemos como cristianos que en última instancia el Dios de la Revelación es autor y fuente de todo cuanto existe. Lo que sabemos del universo gracias a la ciencia y la razón de ninguna manera contradice o achica lo que creemos. Además, lo que creemos no excluye lo que aprendemos científicamente sobre el universo. Todo lo contrario, el estudio de la creación, en su belleza y complejidad, es una oportunidad para contemplar la grandeza del amor de Dios. Al mismo tiempo, afirmar que Dios es el creador de todo cuanto existe significa reconocer que sólo Dios puede crear. Sólo Dios, como Dios, le puede dar existencia al orden creado.

Es interesante observar cómo muchos de los debates sobre la existencia de Dios comienzan precisamente con un análisis del orden creado. Por ejemplo, Santo Tomás de Aquino, en los argumentos o vías que propuso hace varios siglos para demostrar la existencia de Dios, comienza con una contemplación del orden creado concluyendo que al hacer las preguntas correctas este orden nos conduce a Dios. Hoy en día algunos intelectuales, teólogos y otros pensadores, hacen lo mismo valiéndose de la filosofía y las ciencias. Irónicamente, muchas personas a nuestro alrededor, también contemplando el orden creado, la complejidad del mundo en el que vivimos y la inmensidad del universo, concluyen diciendo que Dios no existe. ¿Cómo es posible llegar a tal conclusión? Lo que nos queda claro como mujeres y hombres de fe es que la creación es ante todo un signo auténtico de la presencia y acción de Dios.

En su Carta a los Romanos, San Pablo dice que los atributos invisibles de Dios, "su poder eterno y su divinidad, se hacen visibles a los ojos de la inteligencia, desde la creación del mundo, por medio de sus obras" (*Rom* 1,20). Como parte de su Revelación a la humanidad, Dios nos enseña que la creación es parte de su plan de salvación desde un principio. La creación no es un accidente. La creación es un elemento esencial de la Revelación divina: "la revelación de la creación es inseparable de la revelación y de la realización de la Alianza del Dios único, con su pueblo", nos recuerda el *Catecismo de la Iglesia Católica* (288).

Cuando hablamos de la creación, es importante que tengamos en cuenta dos dinámicas. Primero, Dios crea de la nada, es decir que Dios le da existencia al orden creado. Este orden creado no pudiera ser ni existir sin Dios. Los seres humanos somos parte del orden creado. Segundo, la creación no termina en ese primer acto que da existencia sino que continúa. En otras palabras, la acción creadora de Dios es permanente porque Dios mantiene la existencia de todo lo que ha hecho. Es por ello que desde la perspectiva cristiana tenemos la convicción de que cada instante de nuestra existencia y de la existencia del orden creado, visible e invisible, es un regalo de amor infinito y misericordioso por parte de Dios. Dios no tiene la obligación de concedernos esa existencia. Sin embargo, de una manera amorosamente generosa, Dios genera y mantiene constantemente la creación. He ahí, una vez más, la grandeza del misterio divino.

La creación, por ser obra de Dios, sin ser Dios, tiene su propia perfección. El orden creado es bueno y dicha bondad tiene su fuente en la bondad del Creador. El orden creado es bueno en la medida que es capaz de mediar la presencia de Dios —he aquí la dimensión sacramental de la realidad a la cual los católicos damos bastante importancia. Al mismo tiempo, la bondad de la creación radica en su capacidad de revelarnos la existencia de Dios, porque es Dios quien la hace posible. Pero la perfección de la creación dentro de la historia permanece como proyecto. Así, nos encontramos con una creación que se encamina a la perfección—a Dios mismo. La tradición teológica cristiana usa la expresión "en estado de vía" (*in statu viae*) para indicar que la creación se encuentra de camino hacia la plenitud para la cual fue hecha.

Esto hace posible que en el transcurso de la historia, la creación sea transformada. En el caso del ser humano, como seres creados tenemos espacio para crecer en todo aspecto de nuestra vida. Aunque Dios nos ha creado y sostiene nuestra existencia constantemente con su amor creador, Dios no define todo aspecto de nuestro existir, sino que nos concede la libertad de vivir nuestra existencia como un itinerario de búsqueda de nuestra realización. He aquí la relación balanceada que existe entre la Providencia de Dios, quien no nos abandona y en quien dependemos totalmente, y la libertad de vivir como seres creados a imagen y semejanza de Dios. Dentro del contexto de la Revelación sabemos que todo lo creado busca su realización definitiva en Dios, de quien procede y a quien se dirige.

Gracias al misterio de Jesucristo tenemos más claridad sobre lo que significa esta realización. San Pablo en sus palabras elocuentes, por ejemplo, nos dice:

> Porque también la creación será liberada de la esclavitud de la corrupción para participar de la gloriosa libertad de los hijos de Dios. Sabemos que la creación entera, hasta el presente, gime y sufre dolores de parto. Y no sólo ella: también nosotros, que poseemos las primicias del Espíritu, gemimos interiormente anhelando que se realice la redención de nuestro cuerpo. (*Rom* 8,21–23)

Al leer estas palabras de San Pablo en esta reflexión sobre Dios creador, hemos de considerar la realidad del mal que se experimenta en el orden creado. El *Catecismo de la Iglesia Católica* pregunta: "Si Dios Padre todopoderoso, Creador del mundo ordenado y bueno, tiene cuidado de todas sus criaturas, ¿por qué existe el mal?" (*CIC*, 309). Es más, el Catecismo insiste en preguntar, "Pero ¿por qué Dios no creó un mundo tan perfecto que en él no pudiera existir ningún mal?" (*CIC*, 310). Estas preguntas resuenan en nuestras mentes y corazones, pues con toda seguridad alguna vez nos las hemos hecho. Para responder a ellas necesitamos recordar lo que acabamos de decir. La creación disfruta de muchas perfecciones pero todavía no alcanza su plenitud en la historia. En este camino hacia la plenitud descubrimos que también hay imperfecciones tales como las limitaciones naturales, la enfermedad, la muerte, etc. Estos males físicos son parte de la naturaleza del orden creado. Pero el mal físico es diferente del mal moral. Este último también existe y es el resultado del alejamiento del ser humano del plan de Dios y del llamado a la santidad que debiera regir su vida. Tanto el mal físico como el mal moral son experiencias que son parte de nuestra realidad histórica. No estamos destinados a ser sujetos de ellos eternamente, pues sabemos que en Jesucristo el mal y la muerte ya han sido vencidos. Por eso anhelamos, junto con la creación, poder ser partícipes de la gloria de Dios por medio de Jesucristo para la cual hemos sido creados: "El mundo ha sido creado para la gloria de Dios" (*CIC*, 293).

El cuidado de la creación visible juega un papel muy importante en la experiencia de fe cristiana católica. El orden creado es el espacio en el que vivimos, en el que nos encontramos con Dios en la historia y en el cual nos realizamos como seres humanos, especialmente entrando en relación unos con otros. Este orden creado es un signo por excelencia de la presencia de Dios, quien lo sostiene con amor infinito y por medio del cual se hace presente de una manera sacramental. Hoy en día cada vez son más las voces que denuncian el mal uso de la creación visible por las generaciones contemporáneas. En particular han de destacarse los esfuerzos y reflexiones durante los pontificados del Papa Francisco y el Papa Benedicto XVI. La destrucción del medio ambiente y el descuido de la naturaleza pueden ser interpretados como una falta de aprecio por uno de los regalos más hermosos que Dios nos ha hecho. Al no cuidar nuestro entorno natural y el medio ambiente, no sólo estamos poniendo nuestra existencia física en riesgo sino que también estamos cerrándonos a la posibilidad de ver en la creación una expresión de Dios que hemos de contemplar para descubrir sus huellas.

Es importante que como cristianos católicos recobremos el sentido sacramental de la creación. Éste es un sentido sacramental que todavía se mantiene vivo en varias culturas indígenas latinoamericanas en cuanto a su respeto por la naturaleza. Por ejemplo, comunidades indígenas en los Andes se refieren a la tierra como la *Pachamama* o "madre". La tradición cristiana ciertamente ofrece muchos recursos para afirmar el respeto por el orden creado, incluyendo las Sagradas Escrituras y tradiciones espirituales como aquella inaugurada por San Francisco de Asís.

Conclusión

En este segundo capítulo exploramos la belleza del misterio de Dios Padre, tal como lo proclamamos en el Credo. En el siguiente vamos a reflexionar sobre varios puntos importantes que resaltan los artículos del Credo cuando profesamos nuestra fe diciendo, "Creo en Jesucristo".

Cinco puntos claves para recordar:

1. El ser humano tiene la tendencia y el deseo natural de buscar a Dios. Sin embargo, sólo podemos saber quién es Dios en su intimidad cuando nos abrimos a la Revelación divina por medio de la fe. Igualmente, sabemos que **Dios es** y que **Dios es Trinidad** porque así nos lo ha revelado Dios mismo.

2. Dios es Padre, Hijo y Espíritu Santo, tres personas distintas que comparten la misma naturaleza divina y son comunidad

infinita de amor—un solo Dios verdadero. Éste es el misterio de la Trinidad.

3. Por medio de Jesucristo y su Misterio Pascual la humanidad ha conocido en plenitud la intimidad de Dios. Jesucristo nos revela a Dios como su Padre y como el Padre de toda la humanidad. Después de su resurrección, el Espíritu Santo es enviado para ayudarnos a entender los distintos aspectos de la Revelación de Dios, especialmente la manera como la Trinidad actúa en la historia.

4. Dios es creador de todo lo que existe, visible e invisible, en cuanto a origen (Dios crea de la nada) y existencia, la cual Dios sigue concediendo generosamente a lo que ha creado.

5. Por ser obra de Dios, la creación es buena y tiene grandes elementos de perfección. Sin embargo, por ser una realidad inacabada y que tiene límites, también hay varios elementos de imperfección en ella. La creación, incluyendo a los seres humanos, se dirige hacia su realización plena en Jesucristo al final de los tiempos. Mientras tanto, es responsabilidad de la humanidad cuidar la creación visible, en la cual vivimos y dentro de la cual estamos llamados a reconocer la acción constante de Dios.

Preguntas para la reflexión y el diálogo:

1. ¿Qué puedes hacer como creyente cristiano católico para acompañar a quienes dudan de su fe o tienen dificultades para acercarse al misterio de Dios?

2. ¿Cómo experimentas la "paternidad" y la "maternidad" de Dios en tu vida? Comparte algunos ejemplos.

3. ¿Qué acciones realizas personalmente, con tu familia y con tu comunidad de fe para cuidar el orden creado y así dar gloria Dios?

3

Creo en Jesucristo, Hijo único de Dios

Creo en un solo Señor, Jesucristo, Hijo único de Dios, nacido del Padre antes de todos los siglos: Dios de Dios, Luz de Luz, Dios verdadero de Dios verdadero, engendrado, no creado, de la misma naturaleza del Padre, por quien todo fue hecho; que por nosotros, los hombres, y por nuestra salvación bajó del cielo, y por obra del Espíritu Santo se encarnó de María, la Virgen, y se hizo hombre; y por nuestra causa fue crucificado en tiempos de Poncio Pilato; padeció y fue sepultado, y resucitó al tercer día, según las Escrituras, y subió al cielo, y está sentado a la derecha del Padre; y de nuevo vendrá con gloria para juzgar a vivos y muertos, y su reino no tendrá fin.

El Dios de la Revelación, que se ha dado a conocer a la humanidad por medio de palabras y acciones en la historia, nos da a conocer por medio de Jesucristo la plenitud de su ser. En sus primeras líneas, la Carta a los Hebreos nos dice:

> Después de haber hablado antiguamente a nuestros padres por medio de los Profetas, en muchas ocasiones y de diversas maneras, ahora, en este tiempo final, Dios nos habló por medio de su Hijo, a quien constituyó heredero de todas las cosas y por quien hizo el mundo. Él es el resplandor de su gloria y la impronta de su ser. Él sostiene el universo con su Palabra poderosa, y después de realizar la purificación de los pecados, se sentó a la derecha del trono de Dios en lo más alto del cielo. (1,1–3)

No sólo en Jesús nos encontramos con la Buena Nueva de Dios para la humanidad y el orden creado, sino que también nos encontramos directamente con Dios. Jesús es el rostro de Dios (cfr. *Jn* 1,18; 14,9). Jesús es "Dios con nosotros" (*Mt* 1,23). Jesús es la confirmación de las promesas de Dios desde la antigüedad. Por ello, cuando proclamamos en el Credo que creemos en Jesucristo, damos testimonio de las maravillas que Dios ha hecho en nuestras vidas. Cuando proclamamos que creemos en Jesucristo, hacemos nuestras las palabras de María en el cántico del *Magníficat*: "Mi alma canta la grandeza del Señor, y mi espíritu se estremece de gozo en Dios, mi salvador, porque él miró con bondad la pequeñez de tu servidora" (*Lc* 1,46–48).

La Palabra de Dios existe desde la eternidad

¿Por dónde hemos de comenzar para hablar de Jesús y entender propiamente quién es y su sentido para la humanidad? Cuando pensamos en Jesús, inmediatamente pensamos en el galileo que vivió en la región de Palestina. Hoy en día los estudios bíblicos contemporáneos nos ayudan a entender mejor quién fue Jesús en su contexto histórico. Sabemos que fue un judío que vivió en un ambiente marcado por la pobreza y la opresión política impuesta por el Imperio romano. Sabemos que Jesús era de Galilea, una región donde las expectativas para sus habitantes eran bajas. Es muy probable que su vida haya sido marcada profundamente por la experiencia de marginalización por hablar con un acento galileo, por ser judío y por no ser parte de las élites económicas o políticas de su tiempo. Aun así, sabemos que este galileo es el Hijo de Dios, la presencia de Dios entre nosotros y aquel que reveló a Dios en su plenitud. Sabemos también que hizo milagros que sólo pueden ser realidad por medio del poder divino. Sabemos que Jesús tenía un conocimiento profundo del misterio de Dios y que en distintas ocasiones reveló detalles tan íntimos de la vida con Dios, que sólo alguien de carácter divino podría describirlos.

Las Sagradas Escrituras nos ayudan a entrar más de lleno en este misterio de Jesús de Galilea, y nos invitan a reconocer que él es la Palabra de Dios hecha carne. El prólogo del Evangelio según San Juan es quizás el himno más hermoso y profundo que nos ayuda a contemplar esta verdad: "Al principio existía la Palabra, y la Palabra estaba junto a Dios, y la Palabra era Dios.

Al principio estaba junto a Dios. Todas las cosas fueron hechas
por medio de la Palabra y sin ella no se hizo nada de todo lo que
existe. En ella estaba la vida, y la vida era la luz de los hombres.
La luz brilla en las tinieblas, y las tinieblas no la percibieron"
(*Jn* 1,1–5). Jesús es la Palabra Eterna que se hace uno de nosotros para revelar la plenitud del amor misericordioso de Dios.

La tradición cristiana sostiene, gracias al misterio de la
Revelación divina, que Dios es tres personas distintas. Con frecuencia hablamos de la segunda persona de la Trinidad como el
Logos, es decir la *Palabra*. La segunda persona de la Trinidad es
Dios desde la eternidad; no es fruto de la creación ni comenzó a
existir cuando Jesús fue concebido. ¡La Palabra, el Logos, siempre ha existido! Sí, desde la eternidad. Esta segunda persona de
la Trinidad es divina tal como el Padre y el Espíritu Santo. Por
eso es que en el Credo decimos: "Dios de Dios, Luz de Luz,
Dios verdadero de Dios verdadero, engendrado, no creado, de
la misma naturaleza del Padre, por quien todo fue hecho".

El misterio de la Encarnación

La segunda persona divina de la Trinidad, es decir la Palabra
o el Verbo de Dios, el Logos, es quien se hace carne. Nuevamente, el prólogo del Evangelio según San Juan nos habla hermosamente de esta realidad: "Y la Palabra se hizo carne y habitó
entre nosotros. Y nosotros hemos visto su gloria, la gloria que
recibe del Padre como Hijo único, lleno de gracia y de verdad"
(1,14). El Logos se hace carne en la persona de Jesús. La humanidad desde un principio deseaba y esperaba este encuentro.
Cuando el pecado entró en el mundo, Dios prometió que la
obra de su creación no se echaría a perder. Dios nos creó por

amor y por medio del amor nos restauraría. La Palabra hecha carne entra en el mundo para reconciliar a la humanidad con su creador. En este sentido Jesús, Palabra de Dios, Dios hecho uno de nosotros, es mediador por excelencia del amor y del plan divino. No sólo en Jesús somos reconciliados, sino que en él encontramos al modelo perfecto de lo que significa vivir en relación con el Dios de la Revelación. Jesucristo nos muestra el camino al Padre porque él, como Palabra eterna, sabe lo que significa vivir en la intimidad de Dios. Él conoce a Dios. Él entiende a Dios. Y como Palabra encarnada, como uno de nosotros en todo, menos en el pecado, nos enseña que nosotros también podemos vivir en relación íntima con Dios. Gracias al misterio de la Encarnación la humanidad no sólo es restaurada para alcanzar la meta para la cual fue creada, sino que es elevada, pues Dios mismo la asumió. Gracias a ese mismo misterio redescubrimos nuestra vocación fundamental a vivir en la eternidad con Dios.

Una de las prácticas más hermosas que tiene la tradición cristiana es la de la contemplación de la encarnación de la Palabra de Dios y el nacimiento de Jesús representados en el pesebre. Se dice que San Francisco de Asís en el siglo XIII, un poco antes de su muerte, fue quien inició la tradición de representar el momento del nacimiento del Señor. Sin duda, sabemos que San Francisco tenía un afecto especial por el orden creado. Para él la creación era una manifestación profunda y generosa del amor de Dios hacia la humanidad. La creación fue hecha por Dios como parte de su Revelación. Por ello, la bondad de la creación es afirmada de una manera única cuando la Palabra de Dios, el Logos, se encarna. La infinidad de Dios, la perfección de la divinidad, se hace una con el orden creado en el misterio de la Encarnación. En el pesebre se contempla esta hermosa unión. Cada año cuando millones de familias cristianas alrededor del mundo, tanto en sus hogares como en iglesias e incluso en lugares públicos, exhiben un pesebre durante el Adviento y la Navidad, nos encontramos ante una ocasión especial para reconocer la grandeza del amor de Dios hacia el orden creado, pero en especial para contemplar el misterio de la Encarnación.

Divinidad y humanidad

Nos encontramos aquí con uno de los misterios más profundos y complejos de la tradición cristiana: la humanidad y la divinidad de Jesús. Quienes convivieron con Jesús y fueron testigos de sus acciones durante su vida terrenal, reconocían a Jesús el hombre: sabían quién era su familia, de dónde venía, a qué se dedicaba, quiénes eran sus amigos y qué religión practicaba. Al ver a Jesús, quien vivió como un judío en Galilea, no quedaba duda de que era un ser humano como muchos otros a su alrededor. Pero quienes vivieron con él también fueron testigos de que Jesús hablaba de Dios de una manera única, revelando un conocimiento que evidentemente no podía ser fruto de la especulación. Por medio de sus milagros desafió al demonio, la enfermedad, limitaciones físicas como la ceguera y la sordera, e incluso la muerte. Poco a poco Jesús fue reconocido no sólo como un hombre de Dios o un maestro más entre muchos, sino como Dios entre nosotros. Muchos reconocieron a Jesús como el Mesías, el Ungido de Dios, Aquel que había sido prometido al pueblo de Israel y anunciado por los profetas desde la antigüedad. Otros tuvieron dificultad para reconciliar la idea de que aquel hombre de Galilea, lugar de donde nada bueno se esperaba (cfr. *Jn* 7,52), que nació en la pobreza y a quien muchos conocían como vecino, pudiera realmente ser el enviado de Dios.

Durante los primeros años del cristianismo, las comunidades de fe se dieron a la tarea de discernir y comprender exactamente quién fue Jesús. En el pasaje de los discípulos de Emaús en el Evangelio según San Lucas (cfr. 24,13–32) nos encontramos con uno de los mejores ejemplos de esta reflexión. Aunque muchos habían escuchado a Jesús y habían presenciado sus milagros, al verlo morir en la cruz sintieron que sus esperanzas se desvanecían. Era como si Dios los hubiera defraudado. Pero la persona desconocida que les acompañaba en el camino, Jesús resucitado, les explicaba en detalle lo que tenía que ocurrir. Al final se reveló a ellos al partir el pan. Fue sólo cuando los discípulos experimentaron a Jesús explicándoles las Escrituras y compartiendo el pan, acciones profundamente eucarísticas, que reconocieron que el *Jesús hombre* a quien vieron morir en la cruz en Jerusalén, era también el *Jesús Dios* que había sido resucitado por Dios y había cumplido las promesas divinas.

Esta tensión entre afirmar apropiadamente la humanidad y la divinidad de Jesús siguió presente durante los primeros siglos del cristianismo. Después de la muerte de los primeros testigos, los puntos de referencia que la mayoría de cristianos usaría para hablar de Jesús serían los cuatro evangelios: Mateo, Marcos, Lucas y Juan. Estos cuatro textos poco a poco fueron reconocidos como auténticamente inspirados por Dios y eventualmente se constituyeron en parte fundamental del Nuevo Testamento, junto con otros libros y cartas. Al leer las Escrituras, varios de los primeros cristianos comenzaron a enfatizar algunos elementos de la humanidad de Jesús dejando de lado ciertos elementos de su divinidad. Otros hicieron lo contrario, afirmando elementos de su divinidad, pero en algunas instancias poniendo en duda la autenticidad de su humanidad. Es así como la comunidad cristiana de los primeros siglos, por medio de debates teológicos y de reuniones conciliares, comienza a identificar interpretaciones erradas del misterio de Jesús. Entre estas interpretaciones erradas, también llamadas herejías, podemos resaltar las siguientes:

- *Docetismo.* La humanidad de Jesús no es real sino aparente.

- *Adopcionismo.* Jesús fue adoptado por Dios en el momento de su Bautismo.

- *Modalismo.* Sólo hay una persona divina que en un momento se revela como Padre, luego como Hijo, y luego como Espíritu Santo. En el fondo, esta herejía niega el misterio de la Trinidad.

- *Arrianismo.* El Hijo fue creado por el Padre; el Hijo no es Dios como el Padre.

- *Monofisitismo.* La dimensión humana de Jesús dejó de existir al ser asumida por su dimensión divina.

- *Nestorianismo.* Hay dos personas que coexisten en Cristo, una humana y una divina.

La Iglesia, poco a poco, respondería a estas interpretaciones erróneas buscando el lenguaje más adecuado para hablar de la complejidad del misterio de la persona de Jesucristo. Después de varios concilios, cerca del siglo V, ya estaba bien establecido que para hablar de Jesucristo habría de afirmarse contundentemente tanto su humanidad como su divinidad. El *Catecismo de la Iglesia Católica* claramente resume la convicción sobre nuestra fe en Jesucristo: "La Iglesia confiesa así que Jesús es inseparablemente verdadero Dios y verdadero Hombre. Él es verdaderamente el Hijo de Dios que se ha hecho hombre, nuestro hermano, y eso sin dejar de ser Dios, nuestro Señor" (*CIC*, 469).

Aún hoy en día muchas personas, cristianas y no cristianas, tienen dificultad para hablar adecuadamente sobre la persona de Jesucristo. Sigue siendo tentador reducir a Jesús sólo a su divinidad o a su humanidad. Por ello, es importante que con frecuencia volvamos a las Sagradas Escrituras y al conjunto de enseñanzas que constituyen la Tradición de la Iglesia para asegurarnos de que nuestra fe está fundamentada en las convicciones correctas.

Encarnado de María

En el Credo proclamamos que la segunda persona de la Trinidad, el Logos, "por obra del Espíritu Santo se encarnó de María, la Virgen, y se hizo hombre". Sea ésta una oportunidad para resaltar algunas notas claves sobre el papel y relevancia de María en la vida de Jesús.

Al proclamar nuestra fe en la encarnación de Jesús, también proclamamos y damos gloria por la manera como Dios quiso que este misterio se hiciera realidad. En María nos encontramos con una de las maneras más perfectas y hermosas por medio de la cual Dios lleva a cabo su plan de salvación. María es elegida por Dios desde la eternidad para ser madre del Verbo encarnado, de la Palabra de Dios hecha carne. Precisamente por ser madre de este Verbo encarnado es que la tradición la llama también "Madre de Dios" (*Theotokos,* en griego).

La comunidad cristiana reconoce que en las vidas de varias mujeres en el Antiguo Testamento tales como Eva, Ana, la madre de Samuel, Débora, Rut, Judit, y Ester, entre otras, se vislumbra el papel de María como parte del plan de Dios. Para que este plan se lleve a cabo, María es concebida sin pecado original. Al mismo tiempo sería dotada de las gracias divinas necesarias para ser la madre de Jesús. Esto no significa que la humanidad de María fuera comprometida o sacrificada. Todo lo contrario, en María Dios nos recuerda su plan inicial, el ideal de la humanidad que el pecado había desfigurado pero que pronto habría de ser restaurado en Jesucristo. Ella sería el santuario en el cual, por obra del Espíritu Santo, la Palabra de Dios se encarnaría y de la cual recibiría su naturaleza humana. Jesús fue igual a nosotros en todo, menos en el pecado, y esto comienza desde el mismo momento de la Encarnación cuando Jesús se hace carne en el vientre de María.

Con frecuencia nos encontramos a muchos cristianos que preguntan si María tuvo la libertad para decirle "no" a Dios, quien por medio de su ángel Gabriel le anuncia que sería la Madre del Verbo encarnado. Ésta es una pregunta un tanto inocente, pero vale la pena explorarla porque la respuesta nos ayuda no sólo a entender el misterio de María sino también la relación entre Jesús y Dios Padre, e incluso la relación que nosotros—como pueblo redimido en Cristo Jesús—estamos llamados a tener con Dios.

Lo primero que hay que hacer es analizar cómo definimos el término *libertad*. En nuestra cultura contemporánea frecuentemente hablamos de libertad como la habilidad sin restricciones de decir "sí" o "no" a cualquier cosa, según nuestro antojo, como si no existiera criterio alguno al momento de tomar decisiones. Pero esta definición es muy limitada porque presume que estaría bien negarnos caprichosamente a lo que es bueno o a lo que nos realiza. La tradición cristiana habla de libertad desde una perspectiva teleológica (*telos*: meta última), es decir teniendo en cuenta la razón final por la cual decimos "sí" o "no" a algo. En otras palabras, ser libre no es un capricho sino conocer cuál es la meta última de nuestras vidas y de nuestras decisiones. Es por ello que al hablar de libertad es mejor entenderla como la habilidad de elegir aquello que nos realiza en cuanto a nuestra vocación como seres humanos y en nuestra relación con los demás, con el orden creado y con Dios. Desde esta perspectiva, la propuesta hecha por Dios a María, en el contexto del plan de salvación, es una propuesta a la cual no tendría sentido rehusarse. ¿Por qué habría María de rechazar su vocación dentro del plan de Dios?

Al decirle sí a Dios, al aceptar ser la Madre de Jesús, María afirma la verdad y el amor divino, afirma su vocación y la vocación de la humanidad a vivir con Dios en la eternidad, y se convierte en el modelo por excelencia de discipulado cristiano. Su vida desde el principio, como mujer, madre y discípula, consiste en estar en relación íntima con el Verbo encarnado. Todos los momentos de su vida, desde la Anunciación hasta su Asunción al cielo después de su muerte, son una afirmación de su "sí" incondicional a Dios. Cuando proclamamos creer en

Jesucristo que se hace carne en el seno de María, también afirmamos el misterio de la vocación del ser humano a una vida íntima con Dios por medio del Señor.

Las comunidades latinoamericanas e hispanas en los Estados Unidos, entre muchas otras, reconocen casi instintivamente esta relación íntima entre María y Jesús. Es muy extraño ser parte de la experiencia católica hispana sin hacer referencia a la centralidad de María, la Madre de Dios. Es interesante observar que la mayoría de las imágenes marianas entre católicos hispanos en los Estados Unidos presentan a María directamente en relación con Jesús, usualmente en su infancia. Nuestra Señora de Guadalupe aparece embarazada; en la imagen de Nuestra Señora de la Caridad del Cobre, María sostiene al Niño Jesús en sus brazos; en la imagen de Nuestra Señora de la Altagracia, María contempla al Niño acostado frente a ella. Estas devociones no sólo nos recuerdan la íntima relación entre María y Jesús, sino que también nos invitan a contemplar el misterio de la Encarnación.

La vida pública de Jesús

Sabemos muy poco de lo que ocurrió en la vida de Jesús desde su infancia hasta el momento en que los evangelios lo presentan comenzando su ministerio después de recibir el bautismo de conversión de manos de su primo, Juan el Bautista. Sin embargo, el testimonio de los evangelios sobre la vida pública de Jesús es suficiente para entender tanto sus palabras como sus obras. Jesús, el Cristo, es el mediador por excelencia del Dios de la Revelación. Jesús es la Buena Nueva de Dios para la humanidad. Con Jesús, el Reino de Dios se hace realidad en la historia. Resaltemos tres dinámicas claves de la vida pública de Jesús: su proclamación del Reino, sus milagros y su relación con los poderes políticos y religiosos de su tiempo.

Es preciso notar que el mensaje de Jesús es bien claro: "El Reino de Dios no viene ostensiblemente, y no se podrá decir: 'Está aquí' o 'Está allí'. Porque el Reino de Dios está entre ustedes" (*Lc* 17,20–21). Jesús inaugura una nueva alianza o una nueva relación en la manera como Dios interactúa con la humanidad. No se trata tanto de un reemplazo de relaciones o un abandono de la alianza anterior con el pueblo de Israel, sino de un cumplimiento de las promesas a este pueblo. Para los cristianos, el Mesías que Dios había prometido desde la antigüedad es Jesús. Las promesas de restauración de la humanidad se cumplen en Jesús. El rostro del Dios, a quien nadie podía ver y seguir viviendo, es Jesús. La predicación y las acciones de Jesús revelan que Dios es un Dios que no abandona a su pueblo y que quiere establecer su Reino entre nosotros.

Ese Reino de Dios, en palabras del apóstol San Pablo, es uno "de justicia, de paz y de gozo en el Espíritu Santo" (*Rom* 14,17). El Reino de Dios cambia de una manera profunda el *statu quo* de nuestra realidad histórica. Con la presencia de Jesús, y eventualmente con su Misterio Pascual, la muerte es destruida, el mal es vencido y el pecado deja de tener sentido entre los hijos de Dios. El Reino de Dios es un Reino que exige que se reconozca la dignidad de todo ser humano, sin importar su raza, género o condición social. El Reino de Dios es un Reino en el que los pobres y los más necesitados tienen una prioridad especial, no porque sean más importantes que los demás o porque sólo ellos estén llamados a disfrutarlo, sino porque en nuestro amor y servicio a ellos nos encontramos más de cerca con el rostro de Dios (cfr. *Mt* 25). Desde esta perspectiva, el Reino de Dios es revolucionario. Es un llamado urgente a corregir la inversión de valores que muchas veces relega a los más necesitados hacia las márgenes de la sociedad. Con sus palabras y sus acciones, especialmente con el triunfo de la resurrección, Jesús nos muestra que el Reino de Dios sí es posible y que hay que comenzar a vivirlo desde ahora.

Los milagros de Jesús son ante todo signos reveladores del amor y del poder de Dios. Comúnmente en nuestra cultura contemporánea tendemos a mirar los milagros como acciones extraordinarias que llaman la atención y que quizás buscan entretener. Pero esa es una visión muy limitada de los milagros de Jesús. En el Evangelio según San Juan encontramos que la palabra usada para referirse a los milagros de Jesús es "signo". Los milagros son signos que revelan algo que no se ve directamente, en este caso la presencia y el poder de Dios. Jesús actúa con el poder de Dios; Jesús es el Verbo encarnado.

Los milagros de Jesús son una manera más de predicar que el amor de Dios es un amor restaurador. Al restaurar la salud de algunas personas, Jesús les reinserta en la sociedad para que puedan vivir con dignidad. Al perdonar los pecados, algo que sólo Dios puede hacer (cfr. *Mc* 2,7.10), Jesús confirma que parte del plan de Dios es sanar la relación entre la creatura y el creador. Al multiplicar los panes y los peces, o al convertir agua en vino, Jesús dirige la atención hacia realidades mucho más grandes que el mero hecho de comer o beber. Con estos milagros Jesús nos introduce al misterio de la Eucaristía, el Pan que da vida, y a la nueva economía de salvación, dentro de la cual se celebrarán las bodas del Cordero desde ahora hasta la eternidad. Al devolverles la vida a algunas personas que habían muerto, Jesús anticipa el gran milagro de la resurrección. Él es el Señor de la vida; él es el camino que conduce a la eternidad con Dios.

En su ministerio público Jesús se encontró con muchas personas que con frecuencia no entendían ni su mensaje ni sus acciones. Algunos se escandalizaban cuando prefería ayudar a alguien en día sábado (*Shabat*)—considerado día sagrado en la tradición judía—sabiendo que la ley prohibía determinadas acciones. Otros no podían aceptar las críticas que Jesús hacía a las autoridades religiosas de su tiempo por su hipocresía o por interpretar la Ley de manera muy limitada. La Ley se le había dado al pueblo para vivir en libertad como hijos elegidos de Dios, pero muchas de las autoridades religiosas la usaban como carga más bien para agobiar a los más sencillos. Aunque Jesús no estableció un movimiento político o de carácter militar, y normalmente respetó las leyes civiles de su tiempo, incluso pagando sus impuestos ["Den al César lo que es del César, y a Dios, lo que es de Dios" (*Mc* 12,17)], sus acciones poco a poco fueron percibidas como una amenaza al orden político y social de su entorno. Muchos temían una insurrección. Hoy en día las palabras de Jesús nos pueden parecer lo más normal. Sin embargo, hablar de Dios como la fuente de toda autoridad, una autoridad que está por encima de cualquier otra; decir que Dios llama a todos a la libertad, afirmar que todo ser humano merece ser partícipe del amor y de la justicia, especialmente los más pobres y necesitados, quienes en su época estaban a la base de la escala social, seguramente ponía nerviosos a muchos.

El Reino de Dios que Jesús proclamó, los milagros que revelaban el poder inmenso de Dios y las acciones que confrontaban situaciones que contradecían el plan divino en la historia exigían una nueva manera de vivir. Jesús en su vida pública anunció a tiempo y a destiempo que algo nuevo había comenzado. Muchos creyeron; otros dudaron; algunos lo rechazaron. La visión del Reino de Dios que Jesús proclamó hace dos mil años, con sus palabras y con sus acciones, es la misma visión que ha dado esperanza a un sinnúmero de cristianos a través de los siglos, y lo sigue haciendo hoy en día. Ésa es la visión que afirmamos cada vez que decimos: *Creo en un solo Señor, Jesucristo, Hijo único de Dios.*

Muerte y resurrección: El Misterio Pascual

La predicación de Jesús y las tensiones con las autoridades políticas y religiosas de su tiempo tuvieron consecuencias. Jesús ciertamente introdujo una manera profética, y de hecho novedosa, de interpretar la Ley judía. Muchos lo veían como un rabí o un maestro judío. Sin embargo, Jesús decía tener una autoridad especial para interpretar esa Ley: él es el Hijo de Dios. Jesús hablaba de poseer un conocimiento íntimo de Dios que nadie más podía decir que tenía. Jesús hablaba de la reconciliación de los pecadores, de la preferencia de Dios por aquellos que son últimos y de un Reino que comienza en la tierra pero que tiene su plenitud en la presencia de Dios en la eternidad. En el contexto religioso de Jesús, proclamarse como parte de la divinidad o como Dios era considerado blasfemia. Hablar de privilegios para los pecadores y los más necesitados exigía cambiar el orden de jerarquías al cual muchos ya estaban acostumbrados. Jesús pide a sus contemporáneos que se abran a una manera nueva de entender su relación con el Dios de la Revelación: Jesús es esa nueva manera, el mediador por excelencia—"Yo soy el Camino, la Verdad y la Vida. Nadie va al Padre, sino por mí" (*Jn* 14,6)—la presencia visible del Dios invisible, el Mesías. ¡Todo esto era demasiado para muchos que le escuchaban!

¿Era Jesús el Mesías? ¿Qué tal que Jesús fuera simplemente uno de los muchos predicadores itinerantes de su época que decían traer un mensaje nuevo, pero al final resultaban defraudando a sus seguidores? ¿Cuáles eran las implicaciones sociales, políticas y religiosas de sus palabras? ¿Estaba Jesús llamando al pueblo de Israel a liberarse de la opresión del Imperio romano? Eran muchas las preguntas que pasaban por las mentes de quienes le escuchaban y veían. Sin duda alguna, los textos del Evangelio nos hablan de divisiones ante el mensaje de Jesús. Algunos creían; otros simplemente se rehusaban a aceptar que aquel hombre de Galilea pudiera ser el Ungido de Dios.

El juicio de Jesús, que culminaría con su muerte en la cruz, comenzó con argumentos religiosos en su contra, pero terminó con la acción legal por parte de Poncio Pilato, el representante del Imperio romano en aquel tiempo. Las autoridades judías no tenían el poder de aplicar la pena máxima, es decir una sentencia de muerte a esta persona a quien consideraban blasfemo y una amenaza tanto al poder religioso como al poder político del momento. Fue Poncio Pilato quien finalmente ordenó la ejecución de Jesús en la cruz. Es importante tener en cuenta que estos eventos ocurren dentro de un momento histórico específico. Hay una convergencia un tanto confusa de situaciones religiosas, políticas y legales que conllevan a la muerte de Jesús. Sería absurdo pensar que todos los judíos, tanto los de aquel tiempo como los que viven en nuestros días, deban ser culpados por la muerte de Jesús. Estos eventos hay que entenderlos en su contexto social e histórico. Una perspectiva auténticamente cristiana no puede aceptar ningún tipo de antisemitismo, es decir promoviendo cualquier tipo de hostilidad hacia los judíos por su raza y su religión. Muchas injusticias se han cometido a través de la historia por causa de esta tergiversación de la realidad y es importante que hoy en día seamos conscientes de dichos errores para no repetirlos.

Desde una perspectiva política, Jesús murió en la cruz por orden del Imperio romano. Como se indicó previamente, sólo las autoridades civiles podían ordenar dicha ejecución. Fue una muerte injusta. Pero dentro del esquema del plan de Dios, la muerte de Jesús tenía un mayor significado. Aunque Dios permitió la muerte de Jesús, su plan de salvación ya estaba trazado. En la cruz, Jesús fue la víctima inocente que se sacrificó para redimirnos de los efectos del pecado en nuestras vidas y restaurar nuestra relación con Dios. Jesús aceptó su muerte libre y obedientemente. En la cruz Jesús ofreció, de una vez por todas, el sacrificio único y definitivo por medio del cual fuimos restaurados. En la cruz somos testigos del amor infinito de Dios Padre que entrega a su Hijo. Allí también presenciamos el amor de Dios Hijo que se entrega al Padre, todo para reconciliarnos. El *Catecismo de la Iglesia Católica* describe de una manera hermosa esta doble entrega:

> Este sacrificio de Cristo es único, da plenitud y sobrepasa a todos los sacrificios (cfr. *Heb* 10,10).

> Ante todo es un don del mismo Dios Padre: es el Padre quien entrega al Hijo para reconciliarnos consigo (cfr. 1 *Jn* 4,10). Al mismo tiempo es ofrenda del Hijo de Dios hecho hombre que, libremente y por amor (cfr. *Jn* 15,13), ofrece su vida (cfr. *Jn* 10,17–18) a su Padre por medio del Espíritu Santo (cfr. *Heb* 9,14), para reparar nuestra desobediencia. (*CIC*, 614)

El misterio de la cruz ha ocupado un lugar central en la tradición cristiana. Por un lado la cruz nos recuerda el inmenso amor de Dios hacia la humanidad por medio del cual Dios nos trata como sus amigos hasta el punto de aceptar el sacrificio de su Hijo por nosotros: "No hay amor más grande que dar la vida por los amigos" (*Jn* 15,13). Por otro lado, la cruz nos recuerda las limitaciones de la existencia humana, especialmente el sufrimiento y la muerte. Pero con Cristo, la cruz adquiere un nuevo sentido. La cruz se convierte en signo de esperanza porque Jesús no se queda allí, Dios no lo abandona, sino que de la cruz Jesús surge como el Cristo vencedor de la muerte, del mal y del pecado. Unido a Jesucristo el creyente cristiano vence también. La cruz es una locura para muchos, pero "para los que se salvan—para nosotros", dice San Pablo, "es fuerza de Dios" (1 *Cor* 1,18).

Esta convicción se hace verdaderamente evidente en la celebración del *Vía Crucis* ("el camino de la cruz") entre los católicos hispanos y de otras culturas. El Viernes Santo, día en que la Iglesia conmemora los acontecimientos que llevaron a la muerte a Jesús, es un día muy venerado especialmente por quienes en sus vidas constantemente cargan cruces de sufrimiento, injusticia, marginalización y de dolor. Con nuestros sufrimientos participamos en el misterio de la cruz de Cristo sabiendo que Dios es el Dios de la vida que nos reivindicará.

Después de la muerte en la cruz, el cuerpo de Jesús fue sepultado. En medio del silencio que afligía a quienes le seguían, especialmente a su Madre y a sus discípulos más cercanos, quedaba sólo la esperanza de que Dios tuviera la última palabra y hablara de una manera contundente. Ciertamente lo haría por medio de la resurrección. Pero antes de la resurrección Jesús desciende a los infiernos. Es decir, Jesús entra al estado de vida o el "lugar" de los que ya habían fallecido y esperaban que las promesas de Dios se cumplieran algún día. Así, la Buena Nueva de Jesús, el Señor, es anunciada a todos, los del pasado y los del presente, y será anunciada una y otra vez hasta el final de los tiempos. El Cristo que se hace presente en el lugar de los muertos es el mismo que anuncia el final del poderío de la muerte y del pecado.

Al tercer día, Dios resucitó a Jesús, quien ahora es el Señor. Ésta es quizás la convicción más importante de la experiencia cristiana. Somos una comunidad de mujeres y hombres que afirmamos la resurrección de Cristo. Tal como nos lo recuerda San Pablo, "si Cristo no resucitó, es vana nuestra predicación y vana también la fe de ustedes" (1 *Cor* 15,14). Con la resurrección Jesús, el Cristo, es reivindicado. El poder de la muerte no es suficiente para retenerle. La muerte ha sido destruida. El poder del pecado ya no tiene la fortaleza para alejarnos de Dios, pues con la gracia de la resurrección somos vencedores. San Pablo proclama confiadamente:

> ¿Quién podrá entonces separarnos del amor de Cristo? ¿Las tribulaciones, las angustias, la persecución, el hambre, la desnudez, los peligros, la espada? Como dice la Escritura: Por tu causa somos entregados continuamente a la muerte; se nos considera como a ovejas destinadas al matadero. Pero en todo esto obtenemos una amplia victoria, gracias a aquel que nos amó. Porque tengo la certeza de que ni la muerte ni la vida, ni los ángeles ni los principados, ni lo presente ni lo futuro, ni los poderes espirituales, ni lo alto ni lo profundo, ni ninguna otra criatura podrá separarnos jamás del amor de Dios, manifestado en Cristo Jesús, nuestro Señor. (*Rom* 8,35–39)

Así pues, la resurrección es obra de la Trinidad: Padre, Hijo y Espíritu Santo. La resurrección es una gran victoria para Dios porque corrige el curso de la Historia de la Salvación. También es un triunfo para la humanidad porque ya no tendremos que temer más ni al poder del maligno, ni al del pecado, ni al de la muerte. Todos estos ya han sido vencidos y esperamos con anhelo la culminación de todo, en Cristo Jesús, al final de los tiempos. La resurrección es victoria para todos nosotros porque Cristo no abandona a la humanidad que asumió en el misterio de la Encarnación. Jesús resucita como humano y como Dios. Cuando Jesucristo se aparece, primero a las mujeres que le acompañaban y luego a muchos otros discípulos, ellos le reconocen como el Jesús con quien convivieron. Sin embargo, también reconocen que en él hay algo nuevo, diferente; su humanidad es distinta. La condición humana no sólo fue sanada de los efectos corruptores del pecado, sino que ha sido elevada. Ahora esta condición es parte de la experiencia celestial, pues cuando el Señor asciende al cielo, a la presencia eterna de Dios, nuestra humanidad es parte de él. Jesucristo resucitado nos abre las puertas del cielo; él adelante, nosotros le seguiremos.

La Parusía

Ahora que las promesas de Dios se han cumplido en Jesús—con su encarnación, su vida pública, su predicación, y de una manera especial y poderosa por medio de su resurrección—Jesús es reconocido como Rey del universo. Jesús ha entrado al cielo, en su gloria, y está sentado a la derecha del Padre. Cristo tiene el poder de perdonar, restaurar, salvar y hacernos partícipes de la vida eterna. Dios quiere que todos nos salvemos y por eso la invitación de Jesús es para todos, sin excepción. Ahora sabemos quién es el Camino y sabemos lo que esperamos; sabemos que en Jesús tenemos todo lo necesario para ser partícipes de la vida eterna con Dios. Con estas convicciones, la Iglesia como comunidad de creyentes llamados por Dios para participar del Misterio Pascual de Jesucristo se presenta ante el mundo como una comunidad de esperanza. Sí, esperamos. Esperamos el fin de los tiempos y anhelamos que este momento llegue pronto. Por eso proclamamos en cada celebración Eucarística: *¡Maranatha!* (Ven, Señor Jesús). Ya sabemos lo que esperamos, no es algo oculto, ni tampoco reservado para unos pocos.

Jesús vendrá al final de los tiempos para culminar el plan de Dios, el cual ya ha sido anticipado con su resurrección. Vendrá para juzgar en el amor, tanto a vivos como a muertos. Vendrá para juzgar y liberar de una vez para siempre al orden creado, al cual nosotros pertenecemos. Vale la pena considerar nuevamente las palabras de San Pablo:

> Porque también la creación será liberada de la esclavitud de la corrupción para participar de la gloriosa libertad de los hijos de Dios. Sabemos que la creación entera, hasta el presente, gime y sufre dolores de parto. Y no sólo ella: también nosotros, que poseemos las primicias del Espíritu, gemimos interiormente anhelando que se realice la redención de nuestro cuerpo. (*Rom* 8,21–23)

Para el creyente cristiano la Parusía, la venida definitiva del Señor al final de los tiempos, no es ocasión para temer, ni para angustiarse. ¡Todo lo contrario! La Parusía es algo que debemos anhelar en cada instante de nuestras vidas, puesto que ya sabemos lo que esperamos. Mientras tanto, esperamos luchando contra las últimas manifestaciones del Maligno, que ya ha sido vencido, y contra aquellos quienes desean alejarnos del amor de Dios. No sabemos el día ni la hora. Por ello hemos de estar siempre preparados. Y si nos sorprende la muerte física, no hay por qué desanimarnos: ¡Dios ya la ha vencido! También los fieles que han muerto participarán del reinado eterno de Cristo.

Conclusión

Esta segunda parte del Credo es sumamente importante porque en ella proclamamos los elementos centrales de nuestra fe en Jesucristo. Al decir que creemos en Jesucristo estamos afirmando que somos un pueblo que confía, espera y ama en Dios.

Es nuestra fe en Jesucristo la que nos permite llamarnos discí-pulos suyos. Por medio de Jesucristo nos encontramos de una manera única con el Dios de la Revelación. Este encuentro es renovador y liberador al mismo tiempo. Al proclamar nuestra fe en Cristo Jesús, también declaramos que aceptamos la pro-puesta de salvación de Dios aquí y ahora.

Cinco puntos claves para recordar:

1. La Palabra de Dios, el Logos, se hizo carne en la per-sona de Jesús de Nazaret, quien nació de una mujer llamada María. Por medio de la encarnación, Dios afirma el valor del mundo creado, restaura nuestra condición humana y la eleva para hacerla partícipe del misterio de la salvación.

2. Jesucristo es verdadero Dios y verdadero hombre.

3. Jesús proclamó constantemente el Reino de Dios y la Buena Nueva con sus palabras, acciones y milagros. La presen-cia de Jesús inaugura el Reino Dios prometido. Sus palabras y sus acciones son signos poderosos de que ese Reino realmente nos transforma.

4. Al centro de nuestra fe en Jesucristo está el Misterio Pas-cual. Jesús padece y muere en la cruz, pero Dios le resucita porque ni la muerte, ni el pecado, ni el mal tienen poder sobre Aquel en quien somos redimidos. Ser cristianos significa ser tes-tigos del Misterio Pascual en todo momento de nuestras vidas.

5. Jesús vendrá al final de los tiempos para culminar el plan de Dios, el cual ya ha sido anticipado con su resurrección. A esa venida final los cristianos le llamamos la Parusía. Como Iglesia y junto con el resto del orden creado, que "gime y sufre dolores de parto" (*Rom* 8,22), anhelamos constantemente que llegue

aquel momento, pues nada nos llenaría más de gozo que vivir en la presencia de Dios.

Preguntas para la reflexión y el diálogo:

1. ¿De qué manera te inspira esta segunda parte del Credo a relacionarte más de lleno con Jesucristo, verdadero Dios y verdadero hombre?

2. ¿Qué aspectos o ejemplos de la vida pública de Jesús, según los evangelios, te inspiran a ser auténticamente un discípulo suyo en la vida diaria?

3. ¿Qué significa para ti vivir como una persona motivada por la esperanza de la resurrección?

4. ¿Qué aprendiste sobre María al contemplar el misterio de Jesucristo en el Credo?

4

Creo en el Espíritu Santo

Creo en el Espíritu Santo, Señor y dador de vida, que procede del Padre y del Hijo, que con el Padre y el Hijo recibe una misma adoración y gloria, y que habló por los profetas. Creo en la Iglesia, que es una, santa, católica y apostólica. Confieso que hay un solo Bautismo para el perdón de los pecados. Espero la resurrección de los muertos y la vida del mundo futuro. Amén.

La fuerza y el poder de Dios se experimentan de una manera especial gracias a la acción del Espíritu Santo. Dios se revela a la humanidad por medio del Espíritu, quien mueve el corazon del ser humano para responder a Dios con el don divino de la fe. Nos disponemos a reflexionar en este capítulo sobre la tercera persona de la Santísima Trinidad. Sabemos del Espíritu Santo gracias al testimonio de la Sagrada Escritura, y de una manera especial gracias a la experiencia de la Iglesia en la vida diaria y en la historia. Todo cuanto ocurre en la Iglesia, desde el impulso a compartir la experiencia de Cristo resucitado con otros por medio de la evangelización hasta la celebración de los sacramentos por medio de los cuales Dios renueva su gracia transformadora en los bautizados, es un encuentro con el Espíritu de Dios. Hablar del Espíritu Santo es hablar de la Iglesia, de su misión, de su vida íntima, de la presencia constante de Cristo resucitado, de la permanente acción creadora de Dios en la historia.

El Espíritu Santo es la tercera persona de la Trinidad

Tal como es el caso con las tres personas divinas, sabemos de ellas en particular gracias a lo que hemos experimentado de sus acciones en la historia. En otras palabras, sabemos del Padre, del Hijo y del Espíritu Santo por la manera como les hemos experimentado en nuestras vidas. Es a través de ese actuar que podemos vislumbrar más profundamente quiénes son las personas divinas. Una de las primeras realidades que aprendemos del Espíritu Santo es su relación íntima con las otras dos personas de la Trinidad: el Padre y el Hijo. Y es allí, en la relación trinitaria, donde debemos comenzar para valorar mejor quién es el Espíritu Santo.

La tradición cristiana es clara al afirmar que el Espíritu Santo es Dios. El Espíritu Santo es la tercera persona de la Trinidad que ha existido en Dios desde la eternidad. En el Credo proclamamos que el Espíritu Santo es *"Señor y dador de vida, que procede del Padre y del Hijo, que con el Padre y el Hijo recibe una misma adoración y gloria".* El Espíritu Santo no es parte de la creación de Dios ni tampoco una realidad separada o ajena a la intimidad misma de Dios. ¡El Espíritu Santo es en sí mismo Dios! Como una de las personas divinas en el misterio del Dios Trinitario, el Espíritu comparte la naturaleza divina del Padre y del Hijo. Los cristianos afirmamos que el Espíritu es el fruto del amor eterno e infinito entre el Padre y el Hijo, un amor que siempre ha existido. El Padre ama al Hijo y el Hijo ama al Padre en el Espíritu. En el contexto de la relación trinitaria, el Espíritu Santo es al mismo tiempo fruto y fuerza de amor.

Por eso, al contemplar la profundidad del misterio de la Trinidad, no es difícil para el cristiano reconocer que donde está el Espíritu hay renovación, sanación, unidad, transformación, conversión y todo aquello que tenga que ver con una vida de plenitud. Desde este punto de vista se entiende mejor que cuando el Padre actúa, el Espíritu está presente. Cuando el Hijo actúa, el Espíritu está presente. La acción de Dios—ya sea por medio de la creación, la redención, o la santificación del orden creado—es siempre una expresión de las tres personas de la Trinidad.

Porque el Espíritu Santo es experimentado por la humanidad de muchas formas, en el transcurso de la historia, la tradición cristiana no ha dudado en usar múltiples imágenes y símbolos para referirse a él. Ya desde el libro del Génesis encontramos hermosas referencias al Espíritu, como aquella de ser el aliento de Dios, *Ruah* en hebreo, por medio del cual todo lo creado comienza a existir. Ésta es quizás una de las imágenes más bellas que existen en la Biblia para referirse al Espíritu Santo, y una que se repetirá continuamente. Cuando Dios habla, el Espíritu se hace presente de una manera especial. Jesús sopla el Espíritu sobre los discípulos después de la resurrección (*Jn* 20,22). El Espíritu se derrama sobre la Iglesia el día de Pentecostés como una fuerte ráfaga de viento (*Hch* 2,2). Aparte de esta imagen, también se habla del Espíritu Santo como el Espíritu de Dios, Espíritu de Jesús, Espíritu de vida, Espíritu de la promesa, Consolador, Protector, Abogado, Paráclito, etc. Cada una de estas imágenes revela diferentes maneras como la comunidad creyente ha experimentado la acción transformadora del Espíritu.

El *Catecismo de la Iglesia Católica* resalta una serie de imágenes fascinantes, tomadas de las Sagradas Escrituras, que nos ayudan a entender mejor el papel del Espíritu Santo tanto en la Iglesia como en nuestras vidas. El Espíritu Santo con frecuencia es asociado con el *agua*, especialmente en el contexto del Bautismo, porque el agua es símbolo de vida, de nacimiento, de purificación y de renovación. Por medio de la *unción*, el Espíritu Santo Dios escoge y consagra lo suyo, tal como ocurre en el caso de los sacramentos de la Confirmación y del Orden Sacerdotal. El Espíritu Santo es como el *fuego*, por medio del cual la realidad es transformada y todo es renovado como cuando los discípulos y María recibieron lenguas de fuego en el cenáculo el día de Pentecostés. La *nube y la luz* son símbolos del Espíritu Santo que afirman el acompañamiento divino y nos recuerdan que Dios no abandona a la humanidad. El Espíritu Santo es *sello*, por medio del cual Dios nos hace suyos, tal como ocurre cuando recibimos los sacramentos que imprimen carácter en nuestras almas: Bautismo, Confirmación y Orden Sacerdotal. El Espíritu aparece referenciado en las Escrituras como el *dedo y la mano de Dios*, símbolos con los cuales se expresa el poder milagroso de Dios que es capaz de alterar la realidad para revelarnos algo nuevo. Un símbolo común es la *paloma*, el cual en el imaginario bíblico personifica al Espíritu de Dios descendiendo de los cielos (cfr. *CIC*, 694–701).

Si hay algo que debe quedar bien claro para los cristianos cuando proclamamos que creemos en el Espíritu Santo, es que es presencia divina, real y transformadora. El Espíritu Santo no es una realidad secundaria; es Dios mismo que se hace presente en nuestras vidas haciéndonos partícipes de la riqueza del amor trinitario, un amor que de manera incesante crea y renueva.

Las cuatro marcas: El Espíritu Santo en la vida de la Iglesia

El Espíritu Santo se manifiesta activamente en el contexto de la comunidad creyente. Los corazones de los bautizados llamados a seguir a Jesucristo como sus discípulos están predispuestos, por medio de la gracia bautismal, tanto a reconocer la presencia del Espíritu como a responder afirmativamente a la propuesta de Dios. Contestamos el llamado por medio de ese mismo Espíritu divino. En la vida de la comunidad eclesial descubrimos más explícitamente la acción del Espíritu Santo. Esto no significa, por supuesto, que el Espíritu de Dios esté confinado a los límites de la vida de la Iglesia como institución o que sólo los cristianos seamos beneficiarios de su acción transformadora y santificadora. El discernimiento de la comunidad cristiana a través de los siglos le ha llevado a reconocer que es posible descubrir la presencia y la acción del Espíritu Santo en muchas experiencias de la existencia humana. En particular, hemos aprendido a reconocer que el Espíritu Santo también está presente en muchas experiencias más allá de la vida diaria de nuestras comunidades de fe católicas. El Concilio Vaticano II nos ofrece unos pasajes fascinantes en donde esto se afirma con claridad y convicción. Resaltemos dos de ellos:

> Ni el mismo Dios está lejos de otros que buscan en sombras e imágenes al Dios desconocido, puesto que todos reciben de él la vida, la inspiración y todas las cosas (cfr. *Hch* 17,25–28), y el Salvador quiere que todos los hombres se salven (cfr. 1 *Tim* 2,4). Pues quienes, ignorando sin culpa el Evangelio de Cristo y su Iglesia, buscan, no obstante, a Dios con un corazón sincero y se esfuerzan, bajo el influjo de la gracia, en cumplir con obras su voluntad, conocida mediante el juicio de la conciencia, pueden conseguir la salvación eterna. Y la divina Providencia tampoco niega los auxilios necesarios para la salvación a quienes sin culpa no han llegado todavía a un conocimiento expreso de Dios y se esfuerzan en llevar una vida recta, no sin la gracia de Dios. Cuanto hay de bueno y verdadero entre ellos, la Iglesia lo juzga como una preparación del Evangelio y otorgado por quien ilumina a todos los hombres para que al fin tengan la vida. (Concilio Vaticano II, Constitución Dogmática sobre la Iglesia, *Lumen Gentium*, 16)

> La Iglesia católica no rechaza nada de lo que en estas religiones hay de santo y verdadero. Considera con sincero respeto los modos de obrar y de vivir, los preceptos y doctrinas que, por más que discrepen

en mucho de lo que ella profesa y enseña, no pocas veces reflejan un destello de aquella Verdad que ilumina a todos los hombres. Anuncia y tiene la obligación de anunciar constantemente a Cristo, que es "el Camino, la Verdad y la Vida" (*Jn* 14,6), en quien los hombres encuentran la plenitud de la vida religiosa y en quien Dios reconcilió consigo todas las cosas. (Concilio Vaticano II, Declaración *Nostra Aetate*, sobre las relaciones de la Iglesia con las religiones no cristianas, 2)

No obstante, es dentro de la comunidad eclesial, la cual ha sido llamada por Dios para vivir y celebrar el misterio de Cristo resucitado, en donde percibimos más explícitamente la acción del Espíritu Santo. La Iglesia como comunidad de fe, como Pueblo de Dios, no es un accidente o una realidad de la cual podamos prescindir a medida que definimos nuestra identidad como cristianos. Dios quiere que la Iglesia sea una realidad. De hecho, Dios es quien llama a la Iglesia a su existencia. Ya desde la antigüedad Dios había prefigurado la comunidad eclesial. En el Antiguo Testamento el pueblo de Israel claramente se reconoce como una comunidad convocada por Dios (*qahal Yahweh*). El pueblo responde a la invitación de Dios y se reúne para escucharle y glorificarle.

Ese mismo sentido de vocación sería adoptado por los cristianos para entender su identidad como comunidad. La Iglesia es una comunidad de mujeres y hombres que aceptan la Revelación de Dios en la persona de Jesucristo y su Misterio Pascual. Esta comunidad responde al llamado de Dios a seguirle por medio de Jesús que es Camino, Verdad y Vida. De hecho

Jesús quiere que esta Iglesia exista y la instituye con sus propias palabras y acciones: anunciando el Reino de Dios, estableciendo un nuevo orden de prioridades en donde los pecadores
y los más necesitados ya no pueden ser marginados, dotándola
de la gracia divina, claramente erigiéndola sobre los pilares de
los apóstoles, dándole vida y enviándola al mundo por medio
del Espíritu Santo recibido en Pentecostés. La Iglesia, por consiguiente, es una comunidad que Dios llama a la existencia
para que exprese su identidad reflexionando sobre su vocación,
celebrando sus convicciones y participando activamente en la
misión evangelizadora.

En el Credo proclamamos que la Iglesia es "*una, santa,
católica* y *apostólica*". A estas dimensiones les conocemos como
las cuatro marcas de la Iglesia. Estas marcas son, ante todo,
una expresión de la dimensión divina de la Iglesia. Ninguna de
ellas es fruto de un esfuerzo exclusivamente humano. Las cuatro marcas tienen en común las siguientes características: todas
son fruto de la acción del Espíritu Santo, sólo tienen sentido
porque Cristo es la cabeza de la Iglesia y juntas nos invitan a
contemplar la seriedad y profundidad de la misión de la Iglesia.

Cuando decimos que la Iglesia es *una*, estamos afirmando
la unidad que le caracteriza, la cual es manifestación de la presencia del Espíritu Santo en ella. La Iglesia es una porque tiene
un solo origen: Dios. De Dios proviene la unidad de la Iglesia,
la cual a su vez está orientada como comunidad hacia Dios
mismo, fuente de unidad. La Iglesia está en muchas partes del
mundo íntimamente integrada a las culturas de diversas naciones y grupos sociales. Sin embargo, la diversidad geográfica y
cultural no afecta la unidad de la Iglesia porque ella exhibe

unidad en la diversidad. Es muy importante tener en cuenta que al hablar de unidad en este sentido no estamos hablando de homogeneidad, es decir de aquella expectativa que asume que todo lenguaje y expresión han de ser lo mismo para todos. La unidad de la Iglesia se fundamenta en las convicciones de fe comunes y en la apertura al mismo Espíritu. La Iglesia es una porque constantemente insiste en alcanzar la comunión. Esa comunión se expresa principalmente como una relación de intimidad con Dios y con nuestro prójimo. La comunión que conlleva a la unidad es hermosamente expresada en la celebración eucarística en donde Cristo se hace presente en el pan y en el vino para alimentar a su pueblo y darnos vida nueva. Esta comunión que lleva a la unidad también se actualiza por medio de la vivencia del amor mutuo tal como Jesús nos enseñó, por el servicio a los más necesitados, y por la lucha constante para afirmar la dignidad de toda mujer y todo hombre a nuestro entorno, incluso aquellos que no son cristianos.

La Iglesia es *santa* porque Cristo, cabeza de la Iglesia, es santo y porque el Espíritu de Dios es quien la guía hacia la comunión con Dios. La santidad de la Iglesia se renueva continuamente en la celebración de los sacramentos, fuente de gracia divina, que edifican y sostienen a la Iglesia como comunidad santa. La santidad es ante todo apertura a la acción de Dios en nuestras vidas por medio de su Espíritu. Esa santidad se actualiza de muchas maneras dependiendo del estado de vida y la realidad en que nos ha correspondido vivir. Es por ello que no debemos pensar que sólo existe una manera de ser santos o que la santidad sólo está al alcance de aquellos que viven en un estado de vida determinado, como los sacerdotes o las monjas contemplativas. Todos estamos llamados a vivir la santidad en nuestra vida diaria porque es allí donde Dios nos encuentra y nos transforma. Mientras más abiertos estemos a la acción del Espíritu en nuestras vidas, más evidente será la santidad de la Iglesia ante los ojos del mundo. Porque los bautizados somos finitos y fallamos constantemente, puede parecer que la santidad de la Iglesia tiene limitaciones serias. Sin embargo, estas limitaciones no son parte de la naturaleza de la Iglesia como designio de Dios, sino el resultado de nuestro actuar limitado como seres humanos. La presencia real del Espíritu Santo hace posible que la Iglesia constantemente se renueve y se acerque cada vez más a la vocación de santidad a la cual ha sido llamada.

En el Credo proclamamos que la Iglesia es *católica*. La palabra católica proviene de dos palabras griegas: *kata*, que significa inclusión, invitación abierta, llamado; y *holos,* totalidad, universalidad, apertura. Al unir las dos palabras tenemos la palabra "católica", la cual sugiere que todos están llamados, llamada universal, misión universal, pertenencia total, etc. De acuerdo con el catecismo, la Iglesia es católica en dos sentidos: porque Cristo está presente en ella y porque es enviada a toda la humanidad (*CIC,* 830–831). Un punto importante a resaltar de la Constitución Dogmática sobre la Iglesia, *Lumen Gentium,* fruto del Concilio Vaticano II, es que la Iglesia de Cristo, la cual Dios ha querido desde siempre, subsiste en la Iglesia Católica como institución (*LG,* 8). La relevancia de esta observación reside en la convicción de que todos los elementos y bienes necesarios para que un creyente pueda acercarse a la salvación en Jesucristo han sido revelados o están presentes en la Iglesia Católica.

Al fondo de la reflexión sobre la catolicidad de la Iglesia, se ha de resaltar el esfuerzo de fomentar la unidad entre los cristianos, por lo cual es importante hablar del diálogo ecuménico, es decir, diálogo entre cristianos. A este diálogo, hemos de añadir el también imprescindible diálogo interreligioso o con tradiciones religiosas no cristianas. En particular, el Concilio Vaticano II inspiró a la Iglesia Católica a dedicar más energía y recursos a este tipo de diálogos. Antes del Concilio, algunos católicos tenían convicciones tales como: "fuera de la Iglesia no hay salvación"; "los Protestantes rompieron la unidad de la Iglesia y la única alternativa para que haya un diálogo es que ellos vuelvan a la comunión con el Papa y la Iglesia de Roma"; "los católicos Ortodoxos no son realmente católicos porque no están en comunión con el Papa"; "los judíos deben convertirse al cristianismo para alcanzar la salvación"; "hablar con personas de otras religiones no está bien". Podemos identificar al menos cuatro disposiciones que ayudaron a cambiar estas actitudes negativas:

1. Un reconocimiento de que el catolicismo no es la única religión en el mundo. Los cristianos católicos apenas constituimos alrededor del veinte por ciento de la población mundial.

2. Existe en el mundo contemporáneo una mayor apertura e interés en afirmar los elementos de verdad y de fe presentes en otras tradiciones cristianas y en otras religiones. Una nueva actitud de respeto ha permitido un acercamiento mutuo.

3. Existe la convicción, arraigada en nuestra vocación evangelizadora, de que si la Iglesia existe para buscar la unidad, es ella quien ha de tomar la iniciativa.

4. Finalmente, muchos cristianos y no cristianos están a la vanguardia de proyectos e iniciativas que concuerdan con las

convicciones de la Iglesia. Por consiguiente, es posible trabajar juntos en tales iniciativas.

¿Por qué hemos de promover el diálogo ecuménico? Porque la Iglesia es una comunidad continuamente en proceso de renovación, que camina hacia la unidad y la comunión. Esta tarea dentro de la historia nunca está terminada. La Iglesia está en un proceso incesante de misión evangelizadora. Por consiguiente, el impulso ecuménico es una manifestación clara de la acción del Espíritu Santo, el cual es un Espíritu de unidad.

Igualmente, el diálogo interreligioso es sumamente importante. Tal como mencionamos anteriormente, los católicos reconocemos que Dios—en su infinito amor misericordioso y su deseo de que la humanidad conozca el mensaje de la Revelación—obra continuamente más allá de los confines de nuestra experiencia eclesial. El Concilio Vaticano II invitó a todos los católicos a abrirnos al diálogo con otras tradiciones religiosas, reconociendo la necesidad de afirmar lo bueno y lo verdadero que compartimos como seres humanos a medida que vamos por la vida buscando sentido, con la convicción de que todos, sin excepción alguna, somos creados a imagen y semejanza de Dios. Este diálogo ha sido bastante fructífero, especialmente con los judíos y los musulmanes, puesto que compartimos una fe monoteísta y las tres religiones fundamentan sus raíces en la experiencia de Abraham en la antigüedad. Aparte del diálogo con estos dos grupos, hay diálogos teológicos y prácticos con otras religiones que, aunque no tienen tantos elementos en común, poseen "semillas de la Palabra" y elementos de verdad que les acercan a Dios desde sus propias experiencias. Entre las convicciones que motivan el diálogo interreligioso encontramos la apreciación del esfuerzo de búsqueda de Dios en otras religiones y la certeza de que Dios llama a toda la humanidad a la salvación. Sabemos que la obra de Jesús tiene un carácter universal. Mientras haya apertura a la verdad, puede haber diálogo. Al entrar en esta conversación los cristianos católicos descubrimos nuevas dimensiones de nuestra propia fe y de la acción de Cristo en la historia.

Para muchos católicos hispanos en los Estados Unidos, hablar de diálogo ecuménico o diálogo interreligioso puede ser algo novedoso, puesto que millones vienen de países en donde esta práctica no es muy común al nivel de las comunidades parroquiales (especialmente cuando en estos países los católicos son mayoría) o han tenido poco contacto con cristianos protestantes que pertenecen a iglesias con trayectorias históricas de varios siglos como la Iglesia Luterana o La Iglesia Anglicana. Poco se ha escrito y reflexionado sobre la posibilidad de diálogo con cristianos Pentecostales y grupos considerados pseudo-cristianos, tales como los Mormones y los Testigos de Jehová. Estos últimos hacen proselitismo activamente en comunidades hispanas en los Estados Unidos y en Latinoamérica. Con frecuencia las actitudes son de confrontación y poca apertura al diálogo. Es crucial que la nueva generación de agentes pastorales católicos, comprometidos con el diálogo ecuménico y el diálogo interreligioso, guiados por la sabiduría del Espíritu Santo, continúe los esfuerzos avanzados hasta ahora y resalte estas nuevas preocupaciones.

La Iglesia es *apostólica*. La palabra apostólica hace referencia a la identidad de ser enviados a evangelizar que compartimos todos los bautizados. Por un lado, la Iglesia es apostólica porque está fundada sobre los pilares de la tradición de los apóstoles, los primeros enviados, los cuales fueron testigos directos del Señor y enviados por él a anunciar la Buena Nueva. La tradición cristiana los reconoce como los primeros guías e intérpretes de la Palabra de Dios, de la cual son servidores. Como pilares de la Iglesia, también son reconocidos como los primeros maestros de la fe. Hoy en día la comunidad eclesial reconoce al Papa y a los obispos como los sucesores de los apóstoles. Por otro lado, la Iglesia es apostólica porque su acción está definida por la naturaleza de su misión. La Iglesia es una comunidad de bautizados, discípulos de Jesucristo, enviados a anunciar la Buena Nueva del Señor por medio de la tarea evangelizadora, a hacer discípulos en todas las naciones, a vivir permanentemente al servicio del Reino de Dios, y a ser testigos de la presencia de Dios en el mundo y en la historia. La acción apostólica de la Iglesia se expresa plenamente cuando da testimonio de comunión.

El Espíritu Santo y la llamada a la santidad

Dios llama a la humanidad a vivir en la **santidad**, la cual es fruto de la presencia y acción del Espíritu Santo en nuestra historia. La santidad es una llamada universal. Por medio del sacramento del Bautismo, ese llamado a la santidad se actualiza en nuestra vivencia diaria como miembros de la Iglesia. La comunidad eclesial está sostenida por los carismas o dones que el Espíritu le concede. San Pablo nos recuerda:

> Hay diferentes dones espirituales, pero el Espíritu
> es el mismo. Hay diversos ministerios, pero el Señor

es el mismo. Hay diversidad de obras, pero es el mismo Dios quien obra todo en todos. La manifestación del Espíritu que a cada uno se le da es para provecho común. A uno se le da, por el Espíritu, palabra de sabiduría; a otro, palabra de conocimiento según el mismo Espíritu; a otro, el don de la fe, por el Espíritu; a otro, el don de hacer curaciones, por el único Espíritu; a otro, poder de hacer milagros; a otro, profecía; a otro, reconocimiento de lo que viene del bueno o del mal espíritu; a otro, hablar en lenguas; a otro, interpretar lo que se dijo en lenguas. Y todo esto es obra del mismo y único Espíritu, que da a cada uno como quiere. (1 *Cor* 12,4–11)

Dentro de la comunión eclesial, el Espíritu Santo mueve a los bautizados a ejercer ciertos oficios para el crecimiento espiritual de los miembros de la Iglesia, para vivir el discipulado por medio del servicio como expresión del Reino de Dios, y para ser testigos de Cristo en la sociedad. Normalmente estos oficios o tareas de servicio eclesial se ejercen desde un estado de vida específico dentro de la Iglesia. Así es como hablamos de tres estados de vida:

- *Los laicos.* Son todos los creyentes llamados a la santidad, quienes por medio del sacramento del Bautismo participan del sacerdocio común de Jesucristo.

- *Los consagrados.* Mujeres y hombres bautizados que consagran sus vidas haciendo votos públicos. Tradicionalmente se reconoce que las personas consagradas, gracias al estilo de vida que han aceptado y el nivel de compromiso cristiano que les caracteriza, viven de manera más intensa los consejos evangélicos: pobreza, castidad y obediencia. Además, dependiendo de la comunidad en la que vivan su vocación, también ejercen carismas particulares como la enseñanza, la misión, el cuidado de los enfermos, etc.

- *Los ordenados.* Son varones bautizados a quienes el Señor llama a recibir el sacramento del Orden Sacerdotal, el cual es una participación en el sacerdocio de Cristo que presupone el sacerdocio común aunque se distingue de éste. En otras palabras, el sacerdocio ministerial es una profundización de la vocación bautismal a la luz de un llamado particular por parte de Dios al servicio ministerial. Existen tres grados de participación en el sacerdocio de Cristo como ministros ordenados: episcopado (obispos), presbiterado (sacerdotes) y diaconado (diáconos transicionales y diáconos permanentes).

Toda forma de organización y estructuración de la Iglesia siempre refleja el carácter de comunión que identifica su naturaleza. Dicha comunión expresa la relación con Dios y con los demás. La Iglesia existe por medio de estructuras humanas, asistida con la gracia de Dios por el Espíritu Santo, para llevar a cabo la misión de Jesucristo, la cual consiste en anunciar la Buena Nueva del Evangelio (*evangelización*) y acompañar a mujeres y hombres en su encuentro con el Señor resucitado por medio de quien Dios nos hace partícipes de la salvación.

El Espíritu Santo, el Bautismo y los demás sacramentos

Una de las dimensiones centrales de la experiencia católica es el carácter sacramental de su existencia. La Iglesia por naturaleza, y por ser Cuerpo de Cristo, es sacramento universal de salvación (*LG*, 48). Al mismo tiempo, la Iglesia celebra los sacramentos como momentos en los cuales Dios, por medio de la acción del Espíritu Santo, se hace presente de una manera única dándole vida y sosteniéndola. Por medio de los sacramentos Dios comparte su gracia divina de una manera especial, aunque no exclusiva, puesto que también recibimos dicha gracia en otros momentos (ej. la oración, la lectura de la Palabra, el servicio a los demás, la religiosidad popular, etc.). La Iglesia Católica santifica y es santificada por medio de las celebraciones sacramentales, las cuales son oportunidades para experimentar el poder del Espíritu de Dios de manera profunda.

En el Credo afirmamos: "*Confieso que hay un solo Bautismo para el perdón de los pecados*". Esta afirmación es muy importante para el cristiano porque el Bautismo es el sacramento que nos abre las puertas a un primer encuentro con la gracia santificante que el Espíritu Santo concede a la humanidad de manera libre y gratuita. Este es un encuentro que nos define en cuanto que transforma lo más íntimo de nuestro ser. Por medio del Espíritu Santo somos sellados para siempre; le pertenecemos a Dios. Gracias al Bautismo, el Espíritu Santo nos hace miembros de la Iglesia y nos mueve a participar del Misterio Pascual de Jesucristo. En el Bautismo recibimos al mismo Espíritu Santo que nos enseña y nos guía como Iglesia.

Cuando en el Credo profesamos creer en el Bautismo, hacemos también una alusión directa al perdón de los pecados. Sabemos que la gracia que Dios nos concede en el Espíritu Santo por medio del Bautismo es una gracia restauradora. Dios renueva nuestro ser en las aguas del Bautismo, haciéndonos morir con Cristo al pecado y resucitando con él como pueblo resucitado. La íntima relación que hay entre el Bautismo y el perdón de los pecados nos recuerda que ser cristianos significa ser testigos de la misericordia divina. Por eso la Iglesia, guiada por el Espíritu Santo, es mediadora del amor reconciliador de Dios, el cual encontramos en el sacramento de la *Reconciliación*. Por medio de este sacramento Dios nos perdona los pecados cometidos después del Bautismo y nos invita a una comunión permanente con la intimidad de su ser divino. El sacramento de la Reconciliación sana las heridas que impiden la comunión con Dios y con los demás.

El resto de la vida sacramental de la Iglesia intensifica la acción del Espíritu Santo iniciada en el Bautismo. En la *Confirmación* Dios afirma la presencia del Espíritu Santo, una presencia nueva y transformadora en nuestras vidas y en la Iglesia. Habiendo confirmado la presencia del Espíritu Santo en la vida del bautizado, Dios nos envía a *ser* y a *hacer* Iglesia por medio de la misión y del testimonio. En la *Eucaristía* el Espíritu Santo hace que el pan y el vino se conviertan en el Cuerpo y la Sangre de Nuestro Señor Jesucristo. Es el Espíritu el que convoca a la comunidad de fe para celebrar el sacrificio definitivo de Cristo, escuchar la Palabra, alimentarse con la Eucaristía y para anunciar lo que ha vivido al ser enviada. Con la *Unción de los Enfermos* el amor sanador y restaurador de Dios, mediado por el

Espíritu Santo, es experimentado en medio de la fragilidad de la existencia humana. A través del *Orden Sacerdotal* el Espíritu Santo confirma el llamado que algunos bautizados recibieron para entregar sus vidas de lleno al servicio eclesial. Por medio de la imposición de manos por parte del Obispo, los ordenados reciben el Espíritu Santo que les consagra a Dios y les concede los dones necesarios para anunciar la Buena Nueva con entusiasmo y para dar testimonio de fe a tiempo y a destiempo. Con el sacramento del *Matrimonio* el Espíritu Santo confirma el amor entre una mujer y un hombre bautizados, acompañándoles en una experiencia que ha de ser reflejo del amor íntimo en la Trinidad. El Espíritu Santo concede a la pareja la gracia y la sabiduría para formar una familia cristiana, una familia doméstica, en la cual se evangeliza en el contexto de la vida diaria, especialmente al compartir la fe con los más pequeños por medio de palabras y acciones.

El Espíritu Santo como fuente de la acción evangelizadora

El Espíritu Santo es fuente de la acción evangelizadora de la Iglesia en cuanto que guía al pueblo convocado por Dios en la continua proclamación del misterio de Jesucristo, máxima revelación de Dios Padre. La Iglesia existe para evangelizar (cfr. Pablo VI, *Evangelii Nuntiandi,* 14), es decir para dar testimonio de que el Dios de la Revelación verdaderamente camina con nosotros. Como comunidad evangelizadora, la Iglesia proclama que Jesús es el Señor. Pero esto sólo ocurre gracias a la acción del Espíritu de Dios: "Y nadie puede decir: 'Jesús es el Señor', si no está impulsado por el Espíritu Santo" (1 *Cor*

12,3). Es por ello que es indispensable mantenernos abiertos a la acción del Espíritu Santo en nuestras vidas, personal y comunitariamente. La evangelización no es simplemente un esfuerzo humano. Es ante todo la continuación de la misión de Jesucristo por medio de la cual comunica la Buena Nueva al mundo. Y por ser la misión misma del Señor, la evangelización es una acción profundamente sanadora y restauradora de la cual somos parte gracias al Espíritu Santo.

Como ya hemos indicado anteriormente, todos los bautizados compartimos una vocación en común: la llamada universal a la santidad. Y cuando hablamos de la santidad, estamos aludiendo a la presencia del Espíritu Santo en nosotros. Esta vocación universal a la santidad se actualiza de muchas maneras. El Espíritu de Dios con frecuencia suscita entre los bautizados líderes que están dispuestos a entregar sus vidas al servicio de Dios en la Iglesia y el mundo entero, convirtiéndose en mensajeros de la Revelación Divina. Tanto la vocación como la acción de estas personas son fruto de la presencia del Espíritu Santo en sus vidas. En la vida matrimonial, la mayoría de creyentes forman familias que están llamadas a ser iglesias domésticas. Sólo cuando permitimos que el Espíritu Santo actúe en la vida de la pareja y en la dinámica familiar, la familia crece como lugar en el cual la Buena Nueva de Jesucristo se hace vida. Otras manifestaciones de la presencia del Espíritu que avanzan la tarea evangelizadora de la Iglesia incluyen el impulso misionero, la reflexión teológica, la actividad catequética, las obras sociales con espíritu cristiano, el compromiso político que construye el bien común, etc. Todas estas actividades son vivamente guiadas por el Espíritu. Por medio de ellas se fortalece la Iglesia, se transforma la realidad en la que vivimos los bautizados y se construye el Reino de Dios aquí y ahora.

La Iglesia reconoce que la evangelización es una tarea urgente. Aunque la Iglesia siempre ha tenido conciencia de ésta tarea, hoy en día el compromiso evangelizador tiene un carácter de urgencia, especialmente cuando sabemos que hay miles de millones de personas que no han escuchado hablar de Jesucristo o no lo han aceptado, y muchos cristianos que alguna vez escucharon la Buena Nueva pero por alguna razón se han enfriado y no practican su fe activamente. Este esfuerzo renovado en nuestro día es lo que la Iglesia llama la *Nueva Evangelización*. El Evangelizar exige que renovemos nuestra confianza en la acción del Espíritu Santo en el momento actual. Es una invitación a decir sí de nuevo a la presencia del Espíritu Santo que recibimos en el Bautismo y reiterar que queremos ser discípulos de Jesucristo.

Conclusión

Nuestra reflexión sobre el Espíritu Santo, la tercera persona de la Santísima Trinidad, en este capítulo ha sido una experiencia fascinante que nos invita a reconocer que Dios sigue actuando entre nosotros, especialmente en la vida diaria de la Iglesia. Como persona divina, el Espíritu Santo es fuente de unidad, santidad, catolicidad y de apostolicidad para la Iglesia. Por medio del Espíritu Santo la Iglesia es enriquecida con la gracia divina, la cual recibimos primordialmente en los sacramentos. Dios camina con su pueblo bajo la mediación del Espíritu Santo. Sin duda alguna, la vida de los creyentes se enriquecerá en la medida en que estemos atentos a cómo el Espíritu actúa en nuestras vidas, nuestras familias, la Iglesia y en el mundo en general.

Cinco puntos claves para recordar:

1. El Espíritu Santo es una de las tres personas de la Santísima Trinidad. Como tal, el Espíritu es Dios y actúa como Dios. El Espíritu Santo vive en una comunión íntima de amor infinito y eterno con el Padre y el Hijo.

2. La presencia permanente del Espíritu Santo hace posible que la Iglesia sea "una, santa, católica y apostólica", como lo proclamamos cada vez que recitamos el Credo.

3. El Espíritu Santo es fuente de santidad para todo creyente como persona y para todos los discípulos de Jesucristo como comunidad eclesial. Ser santos consiste, básicamente, en permitir que el Espíritu Santo obre en nuestras vidas.

4. La vida sacramental de la Iglesia es sostenida e impulsada por la acción del Espíritu Santo. El Espíritu de Dios es quien hace que recibamos la gracia por medio de los sacramentos—la vida misma de Dios—y que seamos renovados cada vez que los recibimos.

5. Impulsada por el Espíritu Santo, la Iglesia existe en la historia para evangelizar y caminar como peregrina anunciando la Buena Nueva de Jesucristo a tiempo y a destiempo. Es el Espíritu quien mueve nuestros labios para anunciar que Jesús es el Señor y quien abre los oídos y los corazones de aquellos que escuchan y aceptan ese mensaje.

Preguntas para la reflexión y el diálogo:

1. ¿Qué tan consciente eres de la presencia y acción del Espíritu Santo, tanto en tu vida como en tu comunidad de fe? Comparte algunos ejemplos.

2. ¿Qué significa para ti aceptar que Dios te llama a la santidad?

3. ¿Cómo te mueve el Espíritu Santo a ser instrumento de la evangelización? ¿De qué manera te impulsa ese mismo Espíritu a compartir tu fe en Jesucristo con tu familia y con otras personas a tu alrededor?

—5—

El Credo en la experiencia de la Iglesia

Creo en un solo Dios, Padre Todopoderoso, Creador del cielo y de la tierra, de todo lo visible y lo invisible.

Creo en un solo Señor, Jesucristo, Hijo único de Dios, nacido del Padre antes de todos los siglos: Dios de Dios, Luz de Luz, Dios verdadero de Dios verdadero, engendrado, no creado, de la misma naturaleza del Padre, por quien todo fue hecho; que por nosotros, los hombres, y por nuestra salvación bajó del cielo, y por obra del Espíritu Santo se encarnó de María, la Virgen, y se hizo hombre; y por nuestra causa fue crucificado en tiempos de Poncio Pilato; padeció y fue sepultado, y resucitó al tercer día, según las Escrituras, y subió

al cielo, y está sentado a la derecha del Padre;
y de nuevo vendrá con gloria para juzgar a
vivos y muertos, y su reino no tendrá fin.
    Creo en el Espíritu Santo, Señor y dador
de vida, que procede del Padre y del Hijo, que
con el Padre y el Hijo recibe una misma ado-
ración y gloria, y que habló por los profetas.
Creo en la Iglesia, que es una, santa, católica
y apostólica. Confieso que hay un solo Bau-
tismo para el perdón de los pecados. Espero
la resurrección de los muertos y la vida del
mundo futuro. Amén.

Después de haber reflexionado sobre la belleza y riqueza del
Credo en los capítulos anteriores, comenzamos este quinto
capítulo con la convicción de encontrarnos frente a uno de los
tesoros más valiosos en la tradición cristiana católica. El Credo
no es simplemente una fórmula de fe que se repite monótona-
mente de vez en cuando o que se memoriza sin conciencia de su
importancia como parte de la catequesis, sino que en el fondo
es la marca de nuestra identidad. Si nos preguntaran quiénes
somos como cristianos católicos, bastaría con recitar intencionalmente el Credo para revelar nuestra identidad y nuestras
convicciones como creyentes. Algunos de nosotros nos podemos preguntar: Pero, ¿cómo es esto posible si el Credo es ante
todo una fórmula de fe que nos habla sobre Dios Padre, Hijo
y Espíritu Santo? Precisamente, porque al conocer y proclamar
las verdades que sabemos de Dios, nos identificamos con el
contenido de la Revelación que transforma lo más profundo de

nuestro ser. Decir que creemos en Dios Padre, creador de todo cuanto existe; en Dios Hijo por quien somos salvos; y en Dios Espíritu Santo, quien guía a la Iglesia hacia el Padre por medio de Jesucristo, significa afirmar que somos mujeres y hombres que vivimos en relación con la Trinidad. Y es en el contexto de esta relación que se definen nuestra vida de oración, nuestras prácticas morales, la manera como celebramos, pensamos y compartimos la fe.

Exploremos brevemente algunas instancias en la vida de la Iglesia en las que el Credo aparece como punto de partida, texto o símbolo de la identidad cristiana.

El Credo como texto para la oración

Al acercarnos al Credo nos encontramos con un texto fascinante porque en él están fundamentalmente contenidas las verdades más profundas que identifican al cristiano. Al meditar sobre Dios Padre Todopoderoso, creador del cielo, la tierra y todo cuanto existe, quien es el Padre de Jesucristo, por quien todo existe, el corazón del cristiano es intensamente movido a la oración y a la contemplación. En este proceso, el creyente se acerca a Dios con gratitud por todo lo que nos ha dado. Al reflexionar sobre el Hijo que se encarna de una mujer llamada María, que predica el Reino de Dios, que muere en la cruz y resucita para darnos una vida nueva, que sube al cielo y vendrá al final de los tiempos como lo ha prometido, el cristiano una vez más se siente movido en su corazón a contemplar y a orar ante la grandeza de semejante misterio. Al profundizar sobre la presencia del Espíritu Santo—quien procede del Padre y del Hijo—que es fuente de la vida sacramental de la Iglesia, que nos hace partícipes de la vida misericordiosa y de la sanación de Dios, y que hace posible la comunión de los santos, el corazón del creyente se regocija admirando las maravillas de la vida divina.

El Credo no es una fórmula de fe monótona que se recita mecánicamente. Es primordialmente un texto que invita a la oración contemplativa en todo momento. El Credo es un encuentro con Dios quien nos llama a admirar sus más profundos misterios, a través de los cuales reconocemos que es "el Dios de la vida". En medio de esta contemplación los cristianos redescubrimos nuestra identidad como discípulos del Señor. Aprendemos que lo más importante en nuestra existencia no siempre son los detalles que nos ocupan en la vida diaria, muchas veces pequeñas distracciones o preocupaciones banales, sino que sabemos que hay un punto de referencia mucho más grande para darle sentido a nuestro ser. Ese punto de referencia es la Trinidad: Padre, Hijo y Espíritu Santo. El Dios trinitario se revela a la humanidad como una comunidad profunda de amor. La Iglesia se acerca a este misterio con alegría, entusiasmo y pasión. Es un misterio que se hace presente y accesible aquí y ahora, en la Palabra de Dios y en la vida sacramental, dándole sentido a la experiencia diaria y renovando la vida de los creyentes en todo momento.

Al proclamar el Credo, especialmente durante la celebración de la Eucaristía los domingos, oramos con esta fórmula de fe unidos al resto de la Iglesia. El Credo nos invita a la oración comunitaria, es decir una oración de carácter eclesial. Cuando recitamos el Credo, no lo hacemos de una manera meramente individualista como si cada persona proclamara la fe por su propia cuenta, sin importar lo que los demás crean o piensen de Dios. Cuando oramos con el Credo como comunidad, unimos nuestras voces a las de los demás discípulos de Señor, a las de un sinnúmero de cristianos que han afirmado la misma fe por muchos siglos, y a las voces del coro celestial proclamando una sola fe. He ahí una expresión de lo que decimos creer al final del Credo: "*la comunión de los santos*". La comunión de los santos mos da la certeza como comunidad cristiana de que es una sola la Iglesia la que proclama la misma fe, contemplando y glorificando al mismo Dios que es Padre, Hijo y Espíritu Santo. Esta Iglesia existe al mismo tiempo como Iglesia *terrenal* (de la cual somos parte mientras estemos dentro de los confines de la historia), *purgante* (aquellos que ya han sido aceptados para participar eternamente de la presencia de Dios pero que todavía no han llegado a la plenitud prometida) y *celestial* (aquellos que ya participan de la plenitud de la presencia de Dios). La Iglesia nos entrega el Credo como un regalo especial para la oración, una invitación a contemplar el Misterio de Dios aquí y ahora.

El Credo en el catecumenado y en la iniciación cristiana

En los primeros cinco siglos del cristianismo, la experiencia del catecumenado jugó un papel muy importante. El catecumenado es el proceso de formación y acompañamiento en la fe que conduce a la iniciación cristiana. Este proceso o caminar de iniciación se instauró para acompañar a quienes estaban interesados en el mensaje de la Buena Nueva de Jesucristo, aquella experiencia que daba vida y sostenía a las primeras comunidades cristianas. No se trataba solamente de conocer más sobre la persona de Jesucristo, sino de adentrarse plenamente en los misterios de la vida sacramental, los cuales eran parte de la iniciación cristiana por medio de los sacramentos del Bautismo, la Confirmación y la Eucaristía.

Como parte del proceso del catecumenado, existía una práctica que consistía en compartir formalmente el *Símbolo de la fe*, tal como se conocía el Credo. Con frecuencia el proceso del catecumenado duraba alrededor de unos tres años, aunque podría tomarse mucho más, quizás cinco, seis e incluso hasta diez años, dependiendo del nivel de preparación de la persona en camino hacia la iniciación cristiana. Sin importar qué tanto tomara la preparación y el discernimiento, antes de recibir los sacramentos de iniciación la persona recibía el Símbolo de la fe, el Credo. Ésta era una experiencia privilegiada y fascinante porque usualmente la persona escuchaba el Símbolo de la fe de la boca del obispo, quien era reconocido como el representante por excelencia de la fe de la Iglesia. Hoy en día los obispos siguen teniendo esa misma responsabilidad y representatividad, lo cual ha sido parte de nuestra tradición cristiana católica por muchos siglos.

El obispo proclamaba la fe usando fórmulas tales como el Credo de los Apóstoles. Al cabo del tiempo, el Credo de Nicea adquirió mayor centralidad en la liturgia de la Iglesia. Con frecuencia los obispos usaban fórmulas locales para resumir la fe, las cuales eran aceptadas siempre y cuando fueran fieles a la visión Trinitaria: Padre, Hijo y Espíritu Santo. El catecúmeno, es decir la persona creyente que pronto sería iniciada sacramentalmente en la vida cristiana, escuchaba ese Credo y al hacerlo participaba de una experiencia profunda y transformadora porque lo recibía como uno de los tesoros más grandes: ésta era su fe y al mismo tiempo la fe de la Iglesia. Después de haber escuchado esta fórmula de fe de la boca del obispo—o de la persona que lo representaba—el catecúmeno no volvía a escucharla sino hasta el día de la Vigilia Pascual durante su iniciación sacramental cuando era recibido de manera formal en la comunión eclesial. Ese día el cristiano que acababa de nacer de las aguas del Bautismo proclamaba el Credo con orgullo, repitiéndolo con alegría en compañía de la Iglesia.

Esto es exactamente lo que hacemos como católicos todos los domingos y en otras celebraciones litúrgicas: proclamamos la fe de la Iglesia con alegría, incorporando a todos los nuevos creyentes que son iniciados en la experiencia cristiana regularmente. Después del Concilio Vaticano II, la Iglesia restauró el proceso del catecumenado. El proceso de preparación hacia la iniciación cristiana como tal se había dejado de implementar en la mayoría de comunidades cristianas alrededor del siglo VI, con algunas excepciones, especialmente en lugares de misión. Uno de los grandes aciertos del Concilio Vaticano II, sin lugar a duda, es la restauración de la experiencia del catecumenado. En muchas de nuestras comunidades conocemos este proceso como RICA (Rito de Iniciación Cristiana de Adultos). Como parte del caminar en el proceso de RICA, se hace la presentación del Credo, la cual ocurre usualmente durante la tercera semana de Cuaresma. Existe un rito especial como parte del proceso de RICA para que los catecúmenos reciban el Credo, el Símbolo de la fe. Dicho rito ocurre como parte de lo que la Iglesia llama el "período de la purificación", es decir el momento que antecede a la Vigilia Pascual en el cual el catecúmeno se prepara

para confirmar el giro radical que ha ocurrido en su vida y así poder ser iniciado de manera profunda en el misterio de Cristo. En la Vigilia Pascual toda la comunidad se encuentra de nuevo con el Credo como parte de los ritos de iniciación (para los catecúmenos) y de renovación de la fe (para los bautizados).

Es interesante observar cómo varios de los movimientos eclesiales que dan vida a las comunidades de fe en nuestra época han establecido momentos especiales para compartir el Credo, celebraciones que con frecuencia sirven como ritos de transición y de envío. Por ejemplo, el Camino Neocatecumenal ofrece una oportunidad de revivir y renovar aquellas catequesis de preparación a la iniciación cristiana siguiendo un ritmo similar al del proceso de RICA y los ritos que le acompañan. Quienes participan son usualmente cristianos bautizados. Un elemento importante como parte de este proceso de formación en la fe es la recepción del Credo. Otros movimientos eclesiales usan acciones rituales parecidas en las cuales se comparte el Credo como signo de afirmación de la identidad cristiana, incluyendo movimientos eclesiales asociados con estudios bíblicos, devociones marianas y grupos inspirados por la Renovación Carismática Católica, entre otros.

¿Qué aprendemos de todas estas prácticas? Reconocemos que el Credo es una fórmula muy importante para los cristianos católicos, un encuentro con Dios que se revela y nos da vida como parte de nuestro caminar en la historia. En el Credo encontramos no solamente el contenido de nuestra fe, sino una invitación a entrar en relación con Dios a quien proclamamos como Padre, Hijo y Espíritu Santo.

El Credo y la reflexión teológica de la Iglesia

Existe un vínculo íntimo entre el Credo y la teología católica que es importante cultivar. Los teólogos son mujeres y hombres en la vida de la Iglesia que han recibido una vocación especial como parte de su identidad bautismal para explorar de manera más profunda los misterios de la fe. Una de sus tareas fundamentales es ayudar a sus compañeras y compañeros de camino, al igual que a los demás cristianos, a entender la fe y a crecer en ella. Por eso cuando la teología se hace en el seno de la comunidad eclesial cristiana constantemente ha de tener el Credo como punto de referencia.

El teólogo católico es una persona que comienza su reflexión tratando de entender quién es Dios Padre, Hijo y Espíritu Santo. Cuando los teólogos se embarcan en el proceso de reflexión teológica, su labor consiste en investigar meticulosamente, hacer preguntas profundas y estudiar diligentemente cómo otros cristianos, a través de la historia, han vivido e interpretado su fe. En ciertos momentos los teólogos se hallan ante la necesidad de indagar sobre cuestiones críticas, en general con preguntas que deben ir más allá de lo que normalmente se estudia en una catequesis regular o lo que se escucha en una homilía o lo que se examina en una reflexión para el crecimiento espiritual. Al hacer estas preguntas teológicas, es necesario que el Credo sirva como guía y referencia de esa reflexión. El Credo como punto de partida debe ayudar a los teólogos y a quienes enseñan teología a asegurarse que sus razonamientos y trabajos mo se distancien de las convicciones fundamentales que identifican a la Iglesia como comunidad de creyentes.

Como mencionamos, una de las tareas principales de los teólogos es ayudarles a sus contemporáneos a entender, explicar y proclamar la fe que profesan en el Credo. El teólogo católico tiene la responsabilidad eclesial de caminar con el pueblo de Dios, proclamar la fe con ese pueblo con el que camina, y de ayudarle a todos los bautizados a crecer en la fe y en la tradición que han heredado. Junto con su compromiso de estudiar y profundizar sobre los misterios de la fe, los teólogos católicos han de ser mujeres y hombres que proclaman el Credo con la Iglesia.

Toda comunidad de fe debe fomentar la vocación teológica. Para ello es ideal que los teólogos estén profunda e intencionalmente integrados en la vida de esas comunidades, ya sean parroquias, diócesis, grupos cristianos, movimientos eclesiales, grupos de reflexión, colegios y universidades católicas, etc. De esta manera la reflexión teológica se hace vida junto con el pueblo creyente. El teólogo cree, junto con la comunidad, en Dios Padre, Dios Hijo y Dios Espíritu Santo.

El Credo y la catequesis

La palabra catequesis quiere decir "hacer eco" a la tradición de fe que ha dado vida a muchas comunidades cristianas a través de la historia. De generación en generación, la Iglesia ha compartido sus convicciones de fe, haciéndole eco a la fe recibida de los apóstoles. En la catequesis el Credo juega un papel muy importante porque es precisamente el contexto en el que los bautizados, de manera privilegiada e intencional, compartimos la riqueza del contenido y la práctica de la fe de una generación a la siguiente. Por ello necesitamos diseñar una catequesis auténtica y sólida, es decir una catequesis fundamentada en los principios de fe que encontramos en el Credo.

La meta clara de todo proceso catequético con niños, jóvenes y adultos en ante todo facilitar un encuentro directo con las verdades del Credo. El Credo no es una mera fórmula más que hay que memorizar sin saber realmente lo que significa. Debemos fomentar un encuentro con el Credo como fórmula de fe viva, una fe que afecta directamente la experiencia diaria de los creyentes, especialmente sus prácticas espirituales, incluyendo la religiosidad popular. La catequesis debe llevar a un encuentro íntimo con Dios. Si nos preguntamos cuál Dios, la respuesta no puede ser otra sino: ¡El Dios que proclamamos en el Credo! Necesitamos fomentar una catequesis que ayude a cada creyente a encontrarse con el Dios Trinitario: Padre, Hijo, y Espíritu Santo, en una relación que le transforme para siempre.

Es por ello que es importante que quienes somos parte de la catequesis—ya sea como los que la imparten o como los que la reciben—estemos familiarizados con las verdades del Credo, las hagamos parte de nuestras vidas, las estudiemos constantemente, las oremos y las meditemos. Un paso clave es memorizar y hacer nuestro el Credo. Pero como bien decíamos, esta memorización no se puede quedar solamente en palabras externas o vacías. Se trata de comprender el Credo dándole sentido a la manera como nos relacionamos con Dios y con los demás. Por ello la catequesis ha de dedicar suficiente tiempo para estudiar en detalle el contenido del Credo, ayudándole al creyente a hacer las debidas conexiones con la vida diaria. Al mismo tiempo la catequesis debe ayudar al creyente a que se acerque al Credo como un recurso fundamental de la espiritualidad cristiana católica.

Cuando hablamos del Credo nos referimos a la fórmula de fe que nos identifica como creyentes cristianos, discípulos de Jesucristo. La catequesis es, sin lugar a duda, un momento privilegiado para formar la identidad cristiana de cada generación de católicos, especialmente cuando les preparamos para recibir, interpretar, orar y vivir el Credo.

El Credo y la diversidad religiosa y cultural

Las dos fórmulas tradicionales del Credo—El Credo de los Apóstoles y el Credo de Nicea—son parte integral de la experiencia de fe de un sinnúmero de comunidades cristianas, tanto católicas como protestantes. Sin embargo, es importante reconocer que a través de los siglos la fe cristiana se ha proclamado usando muchas otras fórmulas que con frecuencia resumen las convicciones que nos identifican como discípulos del Señor. Cuando somos parte del diálogo ecuménico, es decir el diálogo entre los cristianos de distintas denominaciones, necesitamos estar informados de cómo las varias comunidades disciernen su fe y la articulan por medio de fórmulas específicas según sus tradiciones espirituales.

Las fórmulas tradicionales siempre servirán como punto de referencia. Sin embargo, no debemos cerrarnos a la posibilidad de nuevas fórmulas de fe, siempre y cuando se mantengan fieles a la integridad de las convicciones fundamentales que identifican al cristianismo. Como vimos en el primer capítulo, en las mismas Sagradas Escrituras y dentro de las primeras comunidades cristianas aparecen varias fórmulas de fe que resumen la esencia de la tradición judeocristiana. En el ámbito del diálogo ecuménico también descubrimos que las distintas tradiciones cristianas han elaborado fórmulas de fe que han surgido dentro de contextos históricos, culturales y religiosos específicos, y de los cuales vale la pena aprender más para así apreciarlas mejor.

Es interesante observar cómo, a través de la historia, algunas comunidades en África y Asia al recibir el Credo Niceno-Constantinopolitano han explorado cómo presentar ciertos términos en un lenguaje que sea mucho más accesible a los contextos en donde se incultura la experiencia de fe cristiana. Esto no significa una negociación de principios o un cambio en el sentido de las convicciones centrales del cristianismo. Se trata de una adaptación catequética a un lenguaje que haga eco más directamente a la realidad y a la experiencia de quienes reciben la fe. Esta observación es muy importante porque muchas veces las fórmulas de fe tradicionales que usamos en un contexto cultural o lingüístico determinado no se pueden traducir literalmente en otros. Para ello es necesario tener una buena noción de qué es lo que cada término dice a la comunidad que escucha y proclama la fe. De hecho, todos hacemos este tipo de adaptación en la vida diaria cuando formulamos y comunicamos nuestras convicciones de fe de manera accesible, ya sea a nuestros hijos o a los jóvenes en la catequesis o en la enseñanza de la teología cristiana.

Existen fórmulas breves o expresiones de fe que son parte de la vida diaria, las cuales también sirven para afirmar la identidad cristiana y ayudan a crecer en la relación con el Dios de la Revelación. La tradición católica hispana en los Estados Unidos es rica en cuanto a dichas fórmulas. Con frecuencia escuchamos expresiones tales como "al que madruga Dios le ayuda", la cual refleja una confianza profunda en la providencia divina; "Si Dios quiere" es otra expresión con el mismo sentido; "Con Jesús y con María", es una que nos permite reconocer la centralidad de la relación íntima que existe entre Jesucristo y la Santísima Virgen como parte del misterio de salvación; "¡Ave María purísima!", la cual hace eco a la Inmaculada Concepción de María. Y así varias otras expresiones, muchas de las cuales nos llevan a un encuentro y a una reflexión más profunda sobre Dios como Padre, Hijo y Espíritu Santo.

La fe que se proclama y nos identifica como creyentes también se hace vida por medio de prácticas rituales en lo cotidiano. Quizás el mejor ejemplo de ello es la celebración de los sacramentos, especialmente la Eucaristía. Un ejemplo claro en el mundo de la religiosidad popular católica es la Novena de Navidad, la cual muchos católicos hispanos en los Estados Unidos celebran por medio de Las Posadas. Aunque esta práctica ritual está basada en una serie de oraciones y cantos tradicionales, le acompaña un elemento de participación que involucra a la comunidad entera, la cual se integra a la escena bíblica con sus propias experiencias y su manera de relacionarse con Dios en el aquí y ahora del presente. También podemos resaltar el ejemplo de las procesiones al igual que las expresiones artísticas y rituales de la fe en nuestras comunidades locales. Por ejemplo, *los altarcitos* están presentes en muchos hogares hispanos y de católicos de otras tradiciones culturales, los cuales son espacios de encuentro con un Dios que la gente percibe que está presente en todas partes. Todos estos ritos y prácticas de fe le sirven al pueblo creyente para proclamar su fe en el único Dios, a quien encontramos en el Credo.

Es importante tener en cuenta que algunas veces estas expresiones de fe en el contexto de la religiosidad popular se mezclan con ritos y con convicciones que en ocasiones no tienen raíces cristianas. De vez en cuando los elementos no cristianos pueden contradecir las convicciones centrales de la fe de la Iglesia. Esto ocurre en el caso de sincretismos religiosos como la *Santería* y prácticas relacionadas con brujería o algo similar. La tarea de los agentes pastorales, los teólogos y en particular de los catequistas, es ayudarle a la comunidad creyente a que use el Credo constantemente como punto de referencia para enfocar nuestras prácticas en el misterio Trinitario y así crecer en la fe por medio de ellas.

Al tener en cuenta la diversidad religiosa y cultural dentro de la cual proclamamos el Credo, los cristianos también necesitamos fomentar un espíritu de diálogo a varios niveles: diálogo ecuménico, diálogo interreligioso y diálogo intercultural. La fe cristiana no se vive ni se proclama en el vacío. Siempre somos parte de realidades sociales, religiosas y culturales bien definidas que exigen fidelidad a la tradición y apertura a las distintas maneras como esa tradición se hace vida a diario entre los creyentes cristianos católicos.

El Credo como símbolo de identidad en un mundo secularizado

La palabra secularismo hace referencia a los esfuerzos intelectuales, socio-culturales y prácticos en nuestra sociedad contemporánea que buscan minimizar e incluso eliminar todo elemento religioso del ámbito público en el que se desenvuelve el ser humano. Con frecuencia dichos esfuerzos ponen en duda la idea de un Dios que se revela en la historia y el papel de las comunidades de fe en la sociedad. A diario encontramos a más y más personas que son profundamente influenciadas por corrientes secularistas.

Se estima que en los años '90 cerca del cuatro por ciento de la población total en los Estados Unidos se identificaban como personas ateas, agnósticas o simplemente personas que no estaban interesadas en asuntos religiosos. En el 2008 la cifra incrementó del cuatro por ciento a cerca del catorce o quince por ciento. El número de personas en estas categorías sigue creciendo a diario. Se estima que para finales de la segunda década del siglo XXI, el número llegará al veinticinco por ciento. En Europa, especialmente Europa Occidental, los números son muchísimo más elevados, donde más de la mitad de la población se identifica como ateos, agnósticos o personas que no están interesadas en asuntos religiosos.

Teniendo en cuenta estas tendencias, nos preguntamos: ¿cuál es la misión del cristiano católico en este contexto de secularización? ¿Cómo debe actuar el creyente, el discípulo de Jesucristo? Estas preguntas tienen que ver mucho con nuestra reflexión sobre el Credo. Hoy más que nunca se necesitan personas que proclamen la fe cristiana con convicción, entusiasmo y pasión frente a un mundo que dice no tener lugar para Dios. Sabemos que la fe es importante porque hemos experimentado a un Dios que nos da vida y nos transforma verdaderamente. Las verdades de la fe cristiana, que han sido válidas por cerca de veinte siglos, siguen siendo válidas en nuestros días. Por eso es necesario que una comunidad fundamentada en las verdades del Credo las proclame con convicción profunda.

El Credo es testimonio de lo que Dios ha revelado a la humanidad. El Credo sigue siendo aquella carta de referencia con la cual nos presentamos ante este mundo secularizado, un mundo con frecuencia relativista que nos dice que prácticamente todo es válido (y al mismo tiempo nada lo es), que toda expresión que dice ser religiosa tiene el mismo peso y sentido para el ser humano, o que creer y no creer da lo mismo. Pero cuando contemplamos las verdades del Credo en oración y reflexionamos sobre ellas, nos damos cuenta de que ese contenido—la verdad revelada de Dios que es Padre, Hijo y Espíritu Santo—nos invita a entender de una manera renovada la realidad, las acciones del ser humano, la finalidad del mundo y a nosotros mismos con nuestras decisiones en lo cotidiano.

Por eso cuando proclamamos el Credo como Iglesia nos damos cuenta de que esta fórmula es un signo de esperanza. Es un signo de esperanza en medio de esfuerzos secularizadores y relativistas, los cuales, si no se confrontan, si dejamos que influencien a nuestra sociedad sin un debate serio, pueden fácilmente llevar a muchos a un sinsentido tanto personal como social, y así perder el rumbo de lo que somos como personas creadas *por Dios* para dirigirnos *hacia Dios*. Por eso el Credo surge como un recurso cada vez más importante para el cristiano hoy en día. El Credo una invitación a reencontrarnos con el contenido de las verdades de la Revelación de Dios. Pero más que un reencuentro con conceptos, es un reencuentro personal con Aquel que se ha revelado en la historia, con palabras y con obras. El Credo es una invitación a un reencuentro con Dios Padre que se hace vida en Cristo Jesús por medio del Espíritu Santo.

Conclusión

Para el cristiano católico el Credo tiene un lugar especial en su experiencia de fe. Sabemos que la fe es un regalo que Dios nos concede para responder a la Revelación divina. Por medio de la fe entramos en una relación íntima con Dios que impregna todo lo que somos, decimos y hacemos. Pero no es una fe abstracta o simplemente limitada a un instinto sentimental. Aunque la fe con frecuencia se hace vida por medio de expresiones religiosas formales e informales, siempre está fundamentada en el contenido específico que encontramos en el Credo.

Cinco puntos claves para recordar:

1. Aunque el Credo es una fórmula que contiene los elementos centrales de nuestra fe como cristianos católicos, su contenido es un encuentro con la belleza del Dios que se nos revela como Padre, Hijo y Espíritu Santo invitándonos a relacionarnos con él por medio de la oración.

2. Desde la antigüedad el Credo ha sido un símbolo importante en el proceso de la iniciación cristiana. Quien nace en Cristo Jesús por medio de las aguas del Bautismo también recibe la fe de la Iglesia proclamada en el Credo.

3. La solidez de la reflexión teológica y la catequesis cristiana pueden medirse en gran parte por su fidelidad al contenido del Credo. Tanto la teología como la catequesis son maneras claves en la vida de la Iglesia para ayudar a los creyentes a conocer y profundizar sobre los misterios de la fe.

4. En medio de la diversidad cultural y religiosa en la que nuestras vidas se desenvuelven a diario, el Credo sirve como punto de referencia invitándonos a la unidad y la comunión.

5. Al vivir en sociedades que por medio de la secularización y la indiferencia parecen alejarse cada día más de la religión y de las verdades del Evangelio, el Credo surge como signo por excelencia de identidad para aquellos que viven en una relación profunda con el Dios de la Revelación.

Al llegar a la conclusión de este libro sobre el Credo, es preciso que hagamos el compromiso de acercarnos a las verdades de nuestra fe con más decisión. Que al proclamar el Credo en la Eucaristía dominical seamos conscientes de que ésta es la fe que proclamamos como Iglesia y con la Iglesia. Que al proclamar con entusiasmo nuestra fe en Dios Padre, Hijo y Espíritu Santo renovemos el deseo de evangelizar y dar testimonio de las maravillas que Dios ha hecho en nosotros por medio de Jesucristo. Que cada vez que proclamemos el Credo podamos decir: "*Ésta es nuestra fe, ésta es la fe de la Iglesia, que nos gloriamos de profesar en Cristo Jesús, Nuestro Señor*".

Preguntas para la reflexión y el diálogo:

1. Lentamente lee el Credo que se encuentra al inicio de este capítulo. ¿Qué palabra, frase o afirmación te invita a la oración? ¿Por qué?

2. ¿Cómo puedes ayudarles a los jóvenes en tu familia y en tu comunidad de fe a encontrarse con la riqueza del Credo? ¿Qué clase de catequesis crees que sea necesaria para que este encuentro ocurra? (Quizás compartir este libro o una copia sea un buen paso).

3. ¿Cómo le explicarías la importancia que los cristianos católicos le damos al Credo a una persona que dice no creer en
   Dios o que no practica su fe? Usa tus propias palabras y
   ejemplos de tu experiencia.

Recomendaciones para seguir leyendo

Nota del autor. Los siguientes son algunos textos y documentos citados en este libro. Ellos servirán como referencia para las personas que estén interesadas en seguir profundizando y meditando sobre el Credo. Todas las citas de las Sagradas Escrituras se han tomado de la versión de la Biblia, *El libro del Pueblo de Dios*, de la página electrónica de la Santa Sede, http://www.vatican.va/archive/ESL0506/_INDEX.HTM.

Catecismo de la Iglesia Católica (CIC). Disponible en línea en http://www.vatican.va/archive/catechism_sp/index_sp.html.

Concilio Vaticano II (Documentos, Declaraciones y Decretos). Disponibles en línea en http://www.vatican.va/archive/hist_councils/ii_vatican_council/index_sp.htm.

Directorio General para la Catequesis (DGC). Disponible en línea en http://www.vatican.va/roman_curia/congregations/

cclergy/documents/rc_con_ccatheduc_doc_17041998
_directory-for-catechesis_sp.html.

Francisco, *Evangelii Gaudium*, exhortación apostólica sobre el
anuncio del Evangelio en el mundo actual, 2013. Disponible
en línea en http://w2.vatican.va/content/francesco/es/apost_
exhortations/documents/papa-francesco_esortazione-ap_
20131124_evangelii-gaudium.html.

Pablo VI, *Evangelii Nuntiandi*, exhortación apostólica acerca
de la evangelización en el mundo contemporáneo, 1975. Disponible en línea en http://w2.vatican.va/content/paul-vi/
es/apost_exhortations/documents/hf_p-vi_exh_19751208
_evangelii-nuntiandi.html.

Hosffman Ospino es profesor de teología y educación religiosa en Boston College, en donde también es director de programas de postgrado en ministerio hispano. Está vinculado activamente a la pastoral hispana de la parroquia de San Patricio en Lawrence, Massachusetts.

Nacido en Bogotá Colombia, el Dr. Ospino recibió su doctorado en teología y educación de Boston College en el 2007. Es uno de los oficiales de la Academia de Teólogos Católicos Hispanos de los Estados Unidos y miembro de la junta directiva de la Asociación Nacional de Educación Católica. También es miembro del equipo de liderazgo coordinando el proceso del Quinto Encuentro Nacional de Pastoral Hispana/Latina.

En el 2016 el Dr. Ospino recibió el premio NCCL Catechetical Award por parte de la Conferencia Nacional de Liderazgo Catequético. En el año 2015 su artículo "El rostro cambiante de la Iglesia" ganó el segundo lugar en la categoría de mejor reportaje en detalle como parte de los premios que otorga la Asociación de Prensa Católica. *Our Sunday Visitor* nombró al Dr. Ospino como uno de los católicos del año 2014 por sus contribuciones investigativas.

Él es el autor o coautor de cinco libros y ha aportado a publicaciones como *Momentum*, *New Theology Review*, *Catechetical Leader*, *The Ligourian*, *US Catholic*, *Our Sunday Visitor*, y variaos revistas académicas. Ha aparecido en entrevistas en CNN, Univision, y NPR. El trabajo del Dr. Ospino ha sido examinado en varios periódicos como *The New York Times*, *The Washington Post*, y *National Catholic Reporter*. Actualmente sirve como consultor catequético para *Our Sunday Visitor*.

El Dr. Ospino vive en el área de Boston con su esposa, Guadalupe, y sus dos hijos.